ENCICLOPEDIA DE ESTRATEGIA PARA FORTNITE

LA GUÍA NO OFICIAL DE BATTLE ROYALE

Papel certificado por el Forest Stewardship Council®

Primera edición: marzo de 2019

Printed in Spain – Impreso en España

ISBN: 978-84-204-3452-0
Depósito legal: B-2.140-2019

Compuesto por Javier Barbado
Impreso en EGEDSA
Sabadell (Barcelona)

AL 3 4 5 2 0

Penguin
Random House
Grupo Editorial

ENCICLOPEDIA DE ESTRATEGIA PARA FORTNITE

LA GUÍA NO OFICIAL DE BATTLE ROYALE

JASON R. RICH

ALFAGUARA

ÍNDICE

INTRODUCCIÓN: EMPECEMOS

¿Quieres convertirte en un jugador alucinante de Fortnite: Battle Royale y ganar todas las partidas? ¿Quieres derrotar a cada soldado enemigo que se cruce en tu camino? ¡Pues que tengas buena suerte! Para llegar a tener tanto éxito, necesitarás conocer a fondo el juego, mucha habilidad y práctica..., ¡un montón de práctica!

La buena noticia es que tienes en tus manos una enciclopedia repleta de información para adquirir ese conocimiento y mejorar tus opciones de ganar partidas de Fortnite: Battle Royale (ya sea jugando en la versión para PC Windows, Mac, PS4, Xbox One, iPhone, iPad, Nintendo Switch o dispositivos móviles de Android).

Está ordenada alfabéticamente para que puedas encontrar con facilidad la información que necesites e incluye un montón de descripciones, recursos y consejos de expertos relacionados con la exploración, la supervivencia, la construcción y el combate.

Esta guía no oficial contiene más de 160 entradas detalladas relacionadas con todos los aspectos de Fortnite: Battle Royale, desde cómo mejorar tu habilidad en el juego a cómo ganar partidas y ser el último en pie. Por ejemplo, si necesitas un chivatazo sobre Acres Anárquicos, busca en la «A» de esta enciclopedia y lee la entrada correspondiente. Como jugador de Fortnite, sabes que hay un montón de nombres de lugares que van cambiando cada semana, pero aquí tienes los más populares, que son los originales.

Si lo que buscas son guías detalladas para llegar a dominar el juego, no dudes en hacerte con un ejemplar de *Fortnite Battle Royale: Trucos y guía de juego*, de *Fortnite Battle Royale Hacks: Secrets of the Island* o de *Fortnite Battle Royale Hacks: Advanced Strategies* (vendidas por separado). Estas guías están escritas por Jason R. Rich (@ JasonRich7), han sido publicadas a todo color por Sky Pony Press y ofrecen cientos de estrategias adicionales para que llegues a dominar Fortnite: Battle Royale.

A no ser que vivas en una isla desierta completamente desconectado del mundo que te rodea, sabrás que Fortnite: Battle Royale, de Epic Games, se ha convertido en uno de los juegos más populares del mundo. Y por una buena razón.

Al comienzo de cada partida, 100 soldados son trasladados por aire en el autobús de batalla y lanzados a una isla misteriosa con un solo objetivo: ¡sobrevivir!

Fortnite Battle Royale une el combate de alta tensión con la necesidad de construir, explorar, utilizar recursos y planificar estrategias. Cada jugador controla un soldado a lo largo de la partida.

Los soldados son obligados a saltar al vacío desde el autobús de batalla. Conforme se vayan acercando al suelo, se activará el ala delta para que aterricen con seguridad. Podrás dirigir a tu soldado durante la caída libre mientras esté activado el ala delta y decidir así en qué lugar de la isla quieres aterrizar.

Utiliza las armas, munición, objetos del botín y recursos (madera, piedra o ladrillos y metal) que encontrarás por la isla para ser el último en pie al final de la partida. No puedes quedar segundo. En este intenso juego de multijugador online y en tiempo real, o sobrevives o eres derrotado.

Cada partida dura aproximadamente 15 emocionantes minutos. Durante este tiempo, puedes centrarte en la supervivencia y evitar confrontaciones con el enemigo o puedes luchar contra todos los rivales que te encuentres. Si consigues llegar con vida a la batalla final (los últimos minutos de la partida), te verás forzado a luchar contra el reducido grupo de soldados que queda, cada uno de los cuales tiene tantas ganas de sobrevivir como tú.

des explorarla en su totalidad. Sin embargo, tras unos minutos aparece la tormenta mortal, que va avanzando a lo largo de la partida y cubriendo una parte cada vez más amplia de la isla, reduciendo así la zona habitable. En la imagen puede verse a un soldado atrapado en la tormenta. Cuanto más tiempo permanezca tu personaje bajo su influjo, más se dañarán su salud y sus escudos.

Por cierto, también tendrás que luchar contra la letal tormenta. Cuando aterrizas, la isla entera es habitable y pue-

Conforme la zona segura de la isla se vaya reduciendo, los soldados que quedan se verán confinados en un área cada vez más pequeña. Esto es así hasta la batalla final, momento en que la zona segura es muy reducida y los supervivientes tienen que luchar entre ellos hasta que solo quede uno en pie. El mapa de la imagen muestra la isla a mitad de partida. Como ves, una parte importante ya ha sido arrasada por la tormenta. Si te fijas en la posición del círculo interior del mapa, la zona segura se desplazará en seguida a los alrededores de Parque Placentero.

Para sobrevivir en la isla necesitarás dominar un puñado de aptitudes básicas relacionadas con lo siguiente:

- **La construcción:** utiliza los recursos (madera, piedra y metal) acumulados para construir estructuras, rampas, escaleras, barreras protectoras y fortalezas para protegerte y mantenerte con vida. Saber lo que tienes que crear, cómo diseñar las estructuras, qué recursos utilizar y cuándo construirlas son estrategias que tienes que dominar.
- **El acopio y uso de armas, munición, objetos del botín y recursos:** cuando aterrizas en la isla, tu única arma es un pico. Necesitas buscar y hacerte con armas, munición y objetos del botín con rapidez para poder luchar contra tus enemigos y protegerte. También necesitarás obtener recursos para poder construir con ellos.
- **El combate:** utiliza las armas, la munición y los objetos del botín de los que dispongas para enfrentarte en combate a soldados enemigos. Cada vez que derrotes a un adversario, recibirás puntos de experiencia. Además, te apoderarás de las armas, la munición, los objetos del botín y los recursos que deje atrás el soldado derrotado.
- **La exploración:** la isla alberga más de 20 puntos de interés, además de otras zonas que no están señalizadas en el mapa. Te verás obligado a explorar bosques, granjas, fábricas, tiendas, edificios, casas y otras muchas estructuras que se encuentran en estos puntos de interés. Dentro de estas estructuras puedes encontrar armas, munición y objetos del botín por el suelo (esperando a que los recojas), además de cofres y cajas de munición. Por supuesto, también puede que haya soldados enemigos a los que tendrás que enfrentarte, o deberás retirarte con rapidez.
- **La supervivencia:** sabiendo que tienes que ser la última persona en pie de la isla, tendrás que decidir cuándo y dónde luchar, qué armas, munición, objetos del botín y recursos usar y qué parte de la isla quieres explorar. Además tendrás que mantener la salud de tu soldado y evitar la tormenta, todo al mismo tiempo.

Existen muchos puntos de interés que visitar en la isla, además de cientos de armas de distinto tipo que has de buscar y almacenar y más de una docena de objetos del botín diferentes. La *Enciclopedia de estrategia para Fortnite: Battle Royale* te explica los elementos centrales del juego con los que tienes que familiarizarte y te ofrece consejos para sobrevivir y ganar partidas.

Si quieres entenderlo todo desde el principio, lee esta guía no oficial de la primera a la última página. Sin embargo, mientras juegas a Fortnite: Battle Royale, o si hay algo que no logras entender sobre el juego, puedes simplemente buscar la información pertinente y conseguir así el conocimiento táctico necesario para sobrevivir.

Recuerda que, en cada partida, puedes llegar a luchar contra 99 jugadores distintos (adversarios que no son controlados por un ordenador). Según sus acciones individuales, a menudo será necesario cambiar de estrategia y reaccionar con rapidez a los retos que vayan surgiendo. Puede ser que tengas que lanzar una ofensiva, protegerte de un ataque, ponerte a cubierto y esconderte, o retirarte rápidamente de la zona en la que te encuentras. Trata de vigilar en todo momento la ubicación de tus enemigos y anticípate a sus acciones.

Fortnite: Battle Royale está en continuo desarrollo

Una de las características que hace que Fortnite: Battle Royale sea tan emocionante y que evita que se convierta en un juego repetitivo, aburrido o fácil de dominar, es que cada una o dos semanas Epic Games lanza una actualización del juego (llamada «parche») que introduce nuevos elementos, nuevos tipos de arma y objetos del botín, más opciones de personalización de los personajes, nuevos retos y, en ocasiones, modos de juego adicionales. Algunas de estas incorporaciones son permanentes y otras se ofrecen durante tiempo limitado, para ser luego interrumpidas o retiradas del juego.

Asimismo, cada pocos meses, Fortnite: Battle Royale estrena una nueva temporada, donde se añaden puntos de interés al mapa y se realizan actualizaciones significativas del juego.

Esta enciclopedia fue recopilada durante la Temporada 4. La Temporada 5 se estrenó a mitad de julio de 2018, así que seguro que hay puntos de interés, armas, tipos de botín u otros elementos del juego que no están incluidos en este libro porque todavía no existían. Si quieres conocer las últimas novedades de Fortnite: Battle Royale, visita el sitio web www.epicgames.com/fortnite/es-ES/news.

#1 VICTORIA MAGISTRAL

A l final de cada partida solo puede quedar un soldado o un escuadrón en pie. Tan pronto como el superviviente derrota a su último enemigo, aparece en la pantalla el mensaje #1 Victoria magistral y el vencedor o vencedora puede hacer el baile de la victoria y alardear de su triunfo.

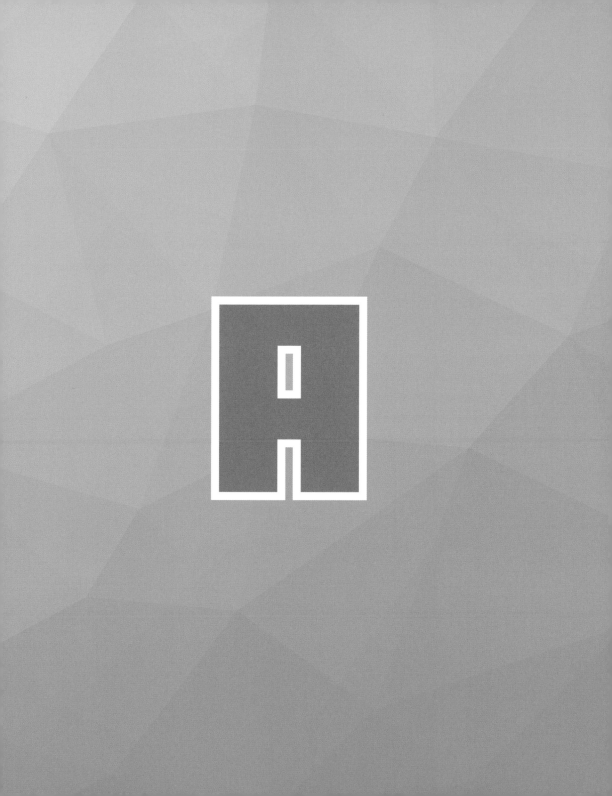

Acampar en un arbusto

Acampar en un arbusto es una estrategia que consiste simplemente en esconderte en un arbusto (en la zona segura del círculo) y esperar a que tus enemigos luchen y se maten entre sí mientras tu soldado permanece escondido, con vida, hasta la fase final de la batalla. Cuando te escondes en un arbusto o utilizas este elemento de camuflaje, pasas desapercibido casi por completo, incluso cuando se te acercan.

Accesorio mochilero

En la pantalla Taquilla, una de las personalizaciones que puedes hacer a tu soldado es el estilo de su accesorio mochilero (la mochila). El que elijas determina su apariencia, pero no afecta al tamaño de la mochila, ni a cómo se utiliza esta en el juego.

Puedes personalizar la apariencia de tu soldado antes de cada partida. Desde la pantalla Sala, accede a la Taquilla. Selecciona la opción Accesorio mochilero que encontrarás debajo de la sección Cuenta y Equipación.

Una vez en el menú Accesorio mochilero, verás todos los estilos de mochila que has desbloqueado, comprado o adquirido de forma gratuita hasta ese momento. Puedes comprar nuevos diseños de accesorios mochileros en la Tienda de objetos o desbloquearlos al superar desafíos diarios, semanales o relacionados con pases de batalla. También puedes adquirir este tipo de botín con el paquete Twitch Prime (si quieres más información sobre descargas gratuitas consulta la entrada «Paquetes Twitch Prime» de esta enciclopedia).

Acres Anárquicos

Acres Anárquicos se encuentra entre las coordenadas E2.5 y F2.5 del mapa y es una de las dos zonas agrícolas que hay en la isla. Allí encontrarás graneros, silos, tractores, establos y cultivos marchitos.

Explora la enorme granja en busca de armas, munición y objetos del botín.

Detrás de los grandes montones de heno puedes encontrar objetos escondidos o un soldado enemigo agachado esperando para atacarte. Esconderse detrás de la paja no te protege de los disparos, pero puede hacer que pases desapercibido.

En Acres Anárquicos, los edificios y estructuras suelen encontrarse a mucha distancia los unos de los otros. Para desplazarte entre ellos, tendrás que caminar o correr a campo abierto. Para evitar las balas, corre (no camines) en zigzag y ve dando saltos. Busca algún objeto en el que puedas ponerte a cubierto o construye un muro o un fortín para proteger a tu soldado si fuera necesario.

Cuando explores los establos, revisa los boxes de los caballos uno por uno en busca de objetos de valor. También puedes utilizar esta zona para agacharte, esperar y tender una emboscada a un adversario. Construye una rampa para llegar a la zona abuhardillada y abre el cofre.

Actualizaciones del juego (parches)

Cada semana o cada dos semanas, Epic Games lanza una actualización (también llamada parche). Estas actualizaciones a menudo incorporan un nuevo modo de juego, armas, objetos del botín o desafíos, o simplemente hacen pequeños cambios.

Cuando haya una nueva actualización disponible, tendrás que descargártela e instalarla para poder seguir jugando a Fortnite: Battle Royale. Cuando entres en el juego, aparecerá una ventana emergente que te explicará los cambios y las características nuevas. Esta información también se publica en internet en www.epicgames.com/fortnite/es-ES/news.

Agacharse

Tu soldado tiene la capacidad de agacharse en cualquier momento. Hazlo si quieres esconderte detrás de un objeto y convertirte en un blanco más pequeño. Si te agachas y te mueves a la vez, andarás de puntillas. Avanzarás más despacio pero también harás menos ruido.

Cuando estés explorando interiores donde puede haber algún enemigo al acecho, anda de puntillas; así es menos probable que te oigan llegar y serás más difícil de alcanzar en caso de que te descubran.

En ocasiones, tendrás que agacharte para pasar por debajo de algún objeto o para abrir un cofre (o caja de munición).

No importa el tipo de arma que uses: si te agachas antes de apuntar y disparar, afinarás tu puntería.

Ala delta

El ala delta es un aparato que se utiliza para poner fin a la caída libre de tu soldado y ayudarle a aterrizar en la isla de forma segura, a la vez que le permite al jugador controlar de manera precisa el lugar de aterrizaje. Durante la caída libre, puedes activar o desactivar el ala delta tantas veces como quieras, aunque se desplegará automáticamente en los momentos finales de la caída.

Existen varias indumentarias opcionales disponibles para el personaje y cada una ofrece un diseño de ala delta (también opcional), que se puede comprar o desbloquear por separado. Una vez hayas desbloqueado varios diseños de ala delta, elige el que quieras utilizar en la pantalla Taquilla antes de la partida.

Cada uno de los diseños de ala delta es radicalmente diferente, aunque todos funcionan de la misma manera. La única diferencia que existe entre unos y otros es su apariencia.

Alameda Aullante

Cuando merodees por el bosque que hay en Alameda Aullante, localizada en las coordenadas I3 del mapa, utiliza tu pico para obtener toda la madera que puedas. En el centro de esta zona hay un laberinto hecho de setos. Atraviésalo y descubrirás estructuras de madera que contienen muchos objetos que merece la pena recoger.

Encontrarás la entrada del laberinto cerca del centro de Alameda Aullante.

Sigue el laberinto hasta llegar a la torre. Por el camino puedes encontrar cofres, armas y, por supuesto, soldados enemigos escondidos detrás de cada curva.

Súbete a los setos para colocarte a más altura que los soldados que están en el laberinto. Así será más fácil tenerlos a tiro.

Registra la torre y encontrarás cofres y objetos del botín.

Desvíate hacia las afueras de Alameda Aullante y encontrarás una torre de madera enorme (en la imagen) junto a la costa. Busca la entrada secreta y ve subiendo para recoger el botín que hay dentro.

Durante la Temporada 4, uno de los misterios de la isla apareció en Alameda Aullante. En el suelo se encontró lo que parecía ser la entrada a un búnker subterráneo, pero que no podía ser abierta, golpeada, volada por los aires ni dañada. Tal vez la respuesta a lo que hay dentro o a dónde lleva esta puerta sea desvelada en las próximas temporadas.

Almacén

Esta instalación de almacenamiento de mercancías (que se encuentra en las coordenadas H4.5, aunque no esté se-

ñalizada en el mapa) está llena de contenedores. Esta área se asemeja a Chiringuito Chatarra en que los montones de contenedores transforman la zona en un laberinto.

Dentro de los contenedores de mercancías, así como encima de ellos y en los edificios colindantes, encontrarás multitud de objetos útiles con los que ampliar tu arsenal. Además, son muy buenos escondites y puedes poner una trampa o explosivos remotos en ellos y atraer a tus enemigos hasta allí. Lo mejor que puedes hacer es quedarte en lo alto para poder observar y disparar a los otros soldados desde arriba.

Aterriza encima del edificio mostrado en la imagen y destroza el tejado para entrar en él y acceder al cofre que hay dentro. Si aterrizas aquí cuando te tires del autobús de batalla, podrás ver el brillo del cofre desde el aire.

Una vez en el suelo, la ubicación de los contenedores convierte la zona en un laberinto por el que tendrás que guiarte. Dentro de los contenedores encontrarás con frecuencia objetos de gran utilidad.

Los contenedores que están abiertos por ambos lados pueden ser utilizados como túneles. Los que solo tienen un lado abierto te ofrecen excelente protección.

No te olvides de registrar los edificios ubicados en las esquinas de esta zona. Encontrarás cofres y otras sorpresas.

Construye un rampa para subirte a un contenedor y situarte así a más altura.

Cuando estés arriba, dispara a los enemigos que todavía estén correteando por abajo.

Apuntar con un arma

Cada vez que te enfrentas a un enemigo con un arma y aprietas el gatillo, la bala lleva una trayectoria recta y, con un poco de suerte, alcanza a tu adversario.

Pulsa el botón Apuntar de tu mando, teclado o ratón para hacer zoom sobre tu objetivo. En la imagen, un fusil con mira está listo para disparar, pero sin haber pulsado el botón Apuntar.

Es más fácil alcanzar a tus enemigos y conseguir un devastador disparo a la cabeza si pulsas el botón Apuntar, diriges el arma y aprietas el gatillo para dispa-

rar. En la imagen, el arma está apuntando al asiento del conductor del camión.

Si utilizas un fusil con mira, cuando pulses el botón Apuntar de tu mando obtendrás la vista de la mira. Esto te permite acercar la imagen de un enemigo lejano. Utiliza este tipo de fusil para disparar como un francotirador.

Árboles

Son la mayor fuente de madera de la isla. Los verás en pequeñas cantidades dentro de muchos puntos de interés. A las afueras se encuentran los grupos de árboles e incluso bosques.

Los árboles más grandes se encuentran en el interior y alrededores de Alameda Aullante (cerca de las coordenadas I3 del mapa). Tu soldado puede esconderse detrás de la mayoría de los árboles o sobre ellos. También puede talarlos con el pico para obtener madera. Cuando tales un árbol (y esto te sirve para cualquier recurso) apunta con el pico a la diana circular que aparece sobre la imagen: así generarás más unidades.

Arbusto

Puedes utilizar un arbusto para esconderte: actívalo y agáchate cuando estés dentro. Dependiendo del tamaño que

tenga, nadie podrá verte. Sin embargo, si eres descubierto, el arbusto no te protegerá.

También es posible almacenar un arbusto en la mochila como objeto del botín. Cuando lo utilices, tu soldado llevará el arbusto a modo de camuflaje para mimetizarse con el entorno. Permanece agachado para que no te vean. Cuando utilizas el arbusto como objeto del botín, puedes moverte con total libertad mientras lo llevas puesto.

Una vez que el soldado haya activado el arbusto como objeto del botín y esté escondido en su interior (sin moverse), no podrá ser visto. Sin embargo, si un enemigo ve un arbusto en movimiento, es muy probable que ataque, así que utiliza este objeto con precaución cuando no quieras ser visto. ¡Quédate quieto!

Agáchate cuando tengas el arbusto activado. Puedes apuntar y disparar un arma mientras estás escondido en su interior, pero recuerda que este no te protege si te disparan a ti.

Armas

Encontrarás muchas armas de todo tipo por la isla. Antes de entrar en un tiroteo, plantéate lo siguiente:

- Los tipos de arma que tienes en tu mochila.
- La cantidad de munición que tienes para cada arma (asegúrate de recoger toda la munición que te encuentres durante la partida).
- La distancia a la que te encuentras de tu adversario.
- Las inmediaciones y si tendrás que destruir alguna barrera, una fortaleza o escudo con tu arma antes de causarle daño a tu enemigo.

- Tu habilidad en el juego y lo rápido que eres seleccionando tu arma, apuntando y disparando.

Dentro de cada categoría de arma, hay disponibles hasta una docena de armas distintas. Epic Games hace regularmente pequeños cambios en los tipos de armas y la capacidad que tiene cada una.

Asistencia de apuntado

En el menú Ajustes, encontrarás la opción Asistencia de apuntado, que ayuda a apuntar con las armas a aquellos que juegan a Fortnite: Battle Royale con mando inalámbrico (sin ratón ni teclado). Puedes activar esta herramienta (que hace más sencillo apuntar con un arma) o mantenerla desactivada.

Ataque de francotirador

Fortnite: Battle Royale incluye varios modelos de fusiles de francotirador y fusiles con mira. Son los más apropiados para un ataque a larga distancia porque puedes apuntar a tu objetivo con precisión.

Un ataque de francotirador (utilizando un fusil con mira) funciona mejor cuando tu soldado está a salvo detrás de alguna barrera protectora y se encuentra lejos y a mayor altura que su objetivo. Para afinar la puntería, agáchate cuando apuntes con el arma y aprieta el gatillo cuando tu objetivo se encuentre en el punto de mira.

Cuando apuntes con un fusil con mira, puedes enfocar con el zoom y acercar la imagen de un adversario que se encuentra lejos.

Aterrizaje Afortunado

Lo encontrarás entre las coordenadas F10 y G10 del mapa. Los edificios que están dentro o en los alrededores de este punto de interés son de inspiración asiática. Dentro del edificio donde se encuentra el árbol rosa gigante encontrarás armas raras y potentes. Aun así, no te olvides de explorar todos los edificios, puentes y torres de esta región.

En el puente mostrado en la imagen, que te lleva a Aterrizaje Afortunado, encontrarás armas, munición y objetos del botín (tanto encima del puente como debajo de él).

Hay un cofre situado en la sala principal del Templo Asiático que ves en la imagen.

Dirígete al último piso de este edificio de oficinas. Además de encontrar objetos dentro, el gran ventanal que hay en el último piso te ofrece una estupenda vista panorámica de la zona. Desde allí puedes utilizar armas de largo alcance para disparar a los soldados que estén a ras de suelo. Alcanzar a estos enemigos será más sencillo con un fusil con mira, pero cualquier otro fusil o pistola, por poner un ejemplo, debería bastar.

Como siempre, un disparo a la cabeza causará más daño que uno al cuerpo.

Si utilizas un explosivo propulsado, como un lanzamisiles o un lanzagranadas, destruirás la estructura a la que dispares y probablemente a quien se encuentre dentro.

No te olvides de mirar dentro de los edificios y detrás de los mostradores en las tiendas y restaurantes: encontrarás cofres. Revisa las estanterías y hallarás cajas de munición. En el suelo de casi todos los edificios de esta zona verás armas, munición u objetos del botín esperando a que los recojas. En el edificio donde está el árbol rosa, si eres el primero en llegar, habrá armas por el suelo en cada esquina.

Aterrizar sobre el tejado

Plantéate aterrizar sobre el tejado de un edificio o estructura cuando te lances del autobús de batalla: las mejores armas, munición y botines suelen estar en los áticos de las casas y mansiones o en la parte alta de torres, edificios y otras estructuras (como silos, torres del reloj y depósitos de agua). Desde el tejado, utiliza el pico para ir bajando hasta el suelo.

Cuando estés a punto de aterrizar en un tejado, si ves que ya está ocupado por un soldado enemigo, tienes tres opciones:

Una es aterrizar a su lado y atacarlo con el pico. Para salir victorioso tienes que golpearlo directamente en varias ocasiones. Otra opción es que, si ves un arma cerca, la cojas primero y dispares al soldado (antes de que la coja él). La última sería aterrizar en otra ubicación.

Si sabes que hay un cofre en un ático concreto y aterrizas justo en el tejado que lo cubre, destrózalo con el pico para acceder a él. Si otro soldado decide aterrizar en el mismo sitio, el que antes llegue al ático, abra el cofre y coja el arma es el que disparará y derrotará a su adversario.

Muchas de las casas y mansiones que se encuentran en la isla tienen áticos. A menudo encontrarás allí cofres (como en la imagen), cajas de munición y otros poderosos objetos del botín. Algunos áticos cuentan con habitaciones escondidas, así que destruye las paredes para explorarlo absolutamente todo.

Tienes distintas maneras de llegar a un ático. Cuando saltes del autobús de batalla, puedes aterrizar sobre el tejado de una casa, un edificio, una torre o una estructura y utilizar el pico para acceder a él.

También puedes entrar en una casa o mansión por la planta baja y subir desde dentro. Puede que tengas que construir una rampa o escaleras desde la

Ático

última planta hasta el techo y utilizar el pico para atravesarlo.

Por último, puedes construir una rampa en el exterior de la casa o mansión que vaya desde el suelo hasta el tejado y utilizar el pico para acceder al ático.

Auriculares gaming

El sonido es un elemento extremadamente importante en Fortnite: Battle Royale. Es fundamental que puedas oír los sonidos emitidos por tus adversarios y poder determinar cuándo está haciendo demasiado ruido tu soldado.

Desde el menú Ajustes, selecciona el submenú Sonido (mostrado en la imagen) y plantéate subir el volumen de Efectos de sonido para poder oír con claridad todos los efectos de sonido que se generarán. También puedes aprovechar para bajar el volumen de la música o del chat de voz.

La mejor manera de sacarle el máximo provecho al sonido incorporado en Fortnite y de comunicarte verbalmente con los miembros de tu escuadrón (cuando lo necesites) es utilizar unos auriculares gaming.

En la imagen puede verse un modelo de auriculares bastante popular de la empresa Turtle Beach Corp. (https://es.turtlebeach.com), aunque muchas otras compañías fabrican auriculares con micrófono incorporado que son compatibles con las plataformas de juego más utilizadas.

Autobús de batalla

Al inicio de cada partida, tendrás que esperar junto con otros soldados en la zona de despegue. Pasea y explora libremente mientras esperas para montarte en el autobús de batalla que os llevará a todos a la isla.

El autobús de batalla es un autobús volador de color azul. Te transportará a ti (y a otros 99 soldados, como máximo) desde la zona de despegue hasta la isla. Puedes saltar en cuanto esté sobrevolando la isla. Controla la dirección y la velocidad a la que cae tu soldado para elegir con precisión la zona en la que quieres aterrizar.

Durante la caída libre, tu soldado desciende a una velocidad constante. Utiliza los controles del mando para cambiar su dirección y presiona hacia abajo para acelerar el ritmo de caída (y aterrizar más rápido). Los primeros soldados en llegar a tierra se apoderarán de las armas y tendrán una ventaja táctica, ya que podrán disparar a los enemigos desarmados que vayan aterrizando cerca de ellos.

Avance de la tormenta

En el momento en que aterrizas en la isla, la tormenta mortal empieza a materializarse y va haciendo que cada vez menos zonas de la isla sean habitables. Avanza cada pocos minutos; la cuenta atrás que se muestra en el mapa te informará la próxima vez que se mueva. Puedes averiguar hacia dónde avanzará consultando el mapa de la isla.

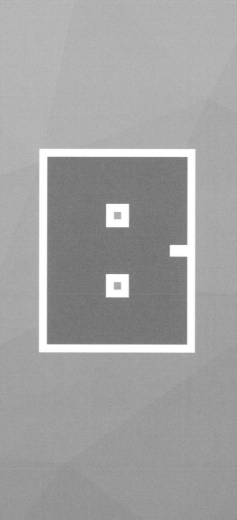

Ballestas

Se trata de un arma rara de corto y medio alcance. En lugar de balas, dispara flechas. Las ballestas fueron retiradas del juego en junio de 2018, pero podrían reaparecer en cualquier momento.

Balsa Botín

En medio del lago que encontrarás en las coordenadas E4 del mapa, hay una isla con una casa. Dentro hallarás cofres y otros objetos útiles. Después, dirígete al bote de remos que está en el centro del lago y a los edificios cercanos al muelle que se encuentran en la otra orilla.

En lugar de atravesar el lago caminando por el agua (que te llevaría tiempo y te dejaría expuesto al ataque enemigo), construye un puente. Ten en cuenta que si comienzas a cruzar el lago a pie no podrás construir el puente desde el agua. Tienes que empezarlo en tierra.

Si intentas llegar al bote de remos que hay en el lago, vacía el cofre rápidamente y prepárate para esquivar fuego enemigo. Si tienes un fusil de tirador (o un fusil con mira), quédate en tierra y dispara a los soldados enemigos que intenten alcanzar el bote.

La casa de la isla está hasta arriba de objetos útiles que querrás almacenar, así que busca bien y prepárate para encontrarte con soldados enemigos.

Merece la pena rastrear los dos edificios que hay cerca del muelle, aunque es más fácil que encuentres cofres y objetos del botín en el que es más grande. Ten cuidado con los francotiradores cuando te acerques.

Se han añadido otras estructuras a Balsa Botín, algunas de ellas con objetos del botín extremadamente útiles. Puedes plantearte rodear el lago (en lugar de cruzarlo) para explorar las que te encuentres a tu paso. La cabaña con muelle que se ve a la derecha en la imagen, la torre de madera del centro y la casa de varios pisos de la izquierda están muy juntas, cerca de las coordenadas E4 del mapa.

Barra de escudo

Durante la partida, tu barra de escudo se muestra en la pantalla con una línea de color azul. En la imagen, puede verse en la parte central inferior de la pantalla, justo encima de la barra de salud. Sin embargo, la ubicación de las barras cambiará según la plataforma de juego que utilices.

Batalla final

La batalla final se refiere a la parte del juego que tiene lugar en los últimos mi-

nutos de la partida, cuando el círculo seguro de la isla es extremadamente pequeño y solo quedan con vida los soldados más habilidosos.

La mayoría de los jugadores optan por construir una fortaleza alta y robusta durante la batalla final para protegerse y desde la que lanzar sus ataques utilizando proyectiles y armas de largo alcance. En la imagen, se está usando un lanzamisiles para destruir la fortaleza del adversario.

Puedes adoptar distintos enfoques para derrotar a un enemigo escondido en una fortaleza. Puedes utilizar un fusil de tirador o un arma de largo alcance para dispararles cuando se asomen desde su fuerte. Otra opción es utilizar armas explosivas propulsadas, como un lanzagranadas, para volar el fuerte por los aires desde la distancia (y a ser posible al enemigo). También puedes centrarte en destruir la parte inferior del fuerte para que se venga abajo toda la estructura y tu enemigo sufra una caída letal.

Algunos jugadores con más agallas deciden rushear el fuerte enemigo con granadas, explosivos remotos o cualquier arma que tengan a mano para lanzar un ataque cuerpo a cuerpo.

El primer paso es estar preparado. Adéntrate en el círculo final con las barras de salud y de escudo completamente cargadas. Asimismo procura tener muchos recursos a mano (entre 1000 y 1500 de madera, piedra y/o metal sería lo ideal). También es necesario contar con una selección de armas apropiadas en tu arsenal. Un lanzagranadas o un lanzamisiles y un fusil de tirador (o con mira) son las armas que debes tener a mano.

Fíjate en la ubicación de este jugador (en la imagen) cerca ya de la batalla final. Como puedes ver en el mapa de la esquina superior derecha, se encontraba fuera del círculo final, pero invirtió un montón de recursos en construir un intrincado fuerte. Según la cuenta atrás que aparece en el mapa, necesitaba evacuar la zona en un minuto para llegar al círculo final y que no lo alcanzara la tormenta, por lo que malgastó un montón de recursos construyendo un fuerte en esta ubicación.

En la imagen puede verse el aspecto que tiene la isla en los últimos minutos de la batalla final. Fíjate en que casi toda ella, con la excepción de una pequeña zona (entre las coordenadas H4 e I4 del mapa), ha sido asolada por la tormenta. Los tres soldados que quedan en pie se han visto forzados a permanecer en una zona muy pequeña y a enfrentarse en combate.

DOCE ESTRATEGIAS PARA LA BATALLA FINAL QUE TE AYUDARÁN A ESTAR PREPARADO Y GANAR PARTIDAS

La preparación es clave si llegas a la batalla final con esperanzas de ganar la partida. Es importante mantener la calma, vigilar lo que hacen tus enemigos y centrarte en tus objetivos.

Estas son las doce estrategias que te ayudarán a ganar:

1. Elige la mejor localización para construir la fortaleza desde la que librarás tu último combate. Si estás bien ubicado, podrás ser más agresivo en tus ataques. Sin embargo, si te encuentras justo en el centro del círculo final, atraerás toda la atención, lo que no acarreará nada bueno.
2. Asegúrate de que tu fortaleza es alta, está bien fortificada y de que puedes ver las inmediaciones a vista de pájaro desde la última planta.
3. Si tu fortaleza fuera destruida, prepárate para moverte con rapidez y ten una estrategia alternativa preparada que te permita sobrevivir. Usar el elemento sorpresa en tus ataques te dará una ventaja táctica. No te conviertas en un objetivo fácil.

Mantente siempre en movimiento cuando estés en la fortaleza y cuando salgas al exterior.
4. Durante la batalla final, no te enfrentes contra todos los enemigos que queden en pie. Deja que luchen entre ellos para que vayan eliminándose y para que se reduzcan o incluso se acaben sus reservas de munición y otros recursos.
5. Utiliza el fusil de tirador (o con mira) para disparos de largo alcance solo si tienes muy buena puntería. Si no es así, usa armas explosivas como lanzagranadas o lanzamisiles, ya que estas causarán daño sobre una zona más extensa.
6. Mantente siempre al tanto de la ubicación de tus oponentes durante la batalla final. No permitas, por ejemplo, que te sorprendan por la retaguardia. Incluso si estás de espaldas a la tormenta, puede que un enemigo haya entrado en ella temporalmente, aparezca detrás de ti y lance un ataque sorpresa, así que no los pierdas de vista. Los jugadores que se adentran en la tormenta para conseguir una ventaja táctica son conocidos con el nombre de «soldados de la tormenta». Si perdieras de vista a un enemigo que sabes que está cerca, escucha con atención y oirás sus movimientos.

7. No inviertas muchos recursos en construir una fortaleza enorme y robusta durante la partida hasta que no tengas claro que estás en el círculo final. Fíjate en el mapa y en la cuenta atrás. De lo contrario, cuando la tormenta avance, puede ser que tengas que abandonar tu fortaleza y volver a construir otra rápidamente en una ubicación que no sea la ideal. Tener que volver a crear una fortaleza puede dejarte sin recursos.

8. Los «intrusos» son enemigos a los que no les da miedo abandonar sus fuertes para intentar atacar el tuyo durante los últimos minutos de la partida. Estate preparado para lidiar con sus ataques cuerpo a cuerpo.

9. Si quedan dos o tres enemigos en pie, céntrate en ellos individualmente. Determina quién representa una mayor amenaza. Prepárate para cambiar de prioridades en cuestión de segundos, según lo que hagan tus rivales.

10. Algunas batallas finales se desarrollan en rampas en lugar de fortalezas. En estos casos, las claves para ganar son la velocidad, tener buenos reflejos, situarte a mayor altura que tu enemigo y tener puntería con el arma correcta.

11. Ten un bidón de plasma a mano para reponer tu salud y escudos por si te atacan y caes herido. Asegúrate de estar bien protegido mientras te lo bebes. Los botiquines también son valiosos para reponer tu salud durante la batalla final.

12. Estudia las retransmisiones en vivo creadas por jugadores expertos de Fortnite (en YouTube y Twitch.tv) para aprender sus estrategias para la batalla final y fíjate en cómo reaccionan a los distintos desafíos que se les presentan.

Bidón de plasma

Cuando te bebes un bidón de plasma, tus barras de salud y escudos se reponen al 100%. Se tarda 15 segundos en beber un bidón de plasma.

Durante esos segundos, tu soldado no podrá moverse, construir o disparar un arma. Será vulnerable al ataque, así que busca un lugar apartado o seguro antes de bebértelo.

Bebe un bidón de plasma al comienzo de la partida para cargar por completo tus barras de salud y escudos y guarda por lo menos uno para la batalla final, cuando sobrevivir es más difícil y tener las barras al 100% te mantendrá más tiempo con vida.

Bombas de boogie

Puedes almacenar este tipo de arma en tu mochila. Cuando decidas utilizarla, lánzala directamente al soldado enemigo, que tendrá que bailar durante 5 segundos en los que recibirá daño.

Bombas fétidas

Cuando las lanzas, estas bombas generan una nube de humo amarillo que despide un olor fétido. Hará que tus enemigos corran para ponerse a cubierto, además de causarles daño. Por cada medio segundo que pasen en la nube fétida generada por la bomba, perderán 5 puntos de su barra de salud o de escudo. La nube fétida dura 9 segundos.

Botín

Hay muchos tipos de obejetos en el botín, aunque algunos son más raros y más difíciles de encontrar que otros. Podrás descubrir y almacenar en tu mochila algunos de los objetos del botín más populares, como vendajes, bombas de boogie, arbustos, fogatas acogedoras, bidones de plasma, lapas, granadas, granadas de impulso, propulsores, plataformas de lanzamiento, pociones de escudo (pequeñas y normales), botiquines, porta-fortalezas, explosivos remotos, sorbetes y trampas. Podrás utilizarlos como creas conveniente durante la partida. Consulta los distintos tipos de objetos del botín en esta enciclopedia para saber más acerca de ellos y ver cómo se utilizan.

Algunos objetos del botín, como las manzanas y las rocas de salto, tienen que ser consumidos cuando los encuentras: no puedes guardarlos en la mochila para después. Consumir o utilizar objetos del botín que reponen la salud o el escudo lleva su tiempo, así que planifícalo con antelación y asegúrate de que estás en una zona segura o apartada.

Una de las decisiones más importantes que tendrás que tomar durante la partida es qué objetos del botín llevar en la mochila en cada momento, para tenerlos a mano cuando los necesites. Recuerda que solo dispones de seis ranuras de almacenamiento y una de ellas es para el pico. Al menos una o dos de las que te quedan deberían ser para armas, como las pistolas.

Dentro de una sola ranura puedes llevar varias unidades de un mismo objeto del botín. Por ejemplo: puedes guardar todas las granadas que encuentres durante la partida en una sola ranura y utilizarlas de una en una cuando las necesites.

Botín Llama

También conocido como «Llama». Aunque las entregas de suministros suceden de forma aleatoria durante la partida, suelen ser escasas. Y todavía más raro es encontrar el Botín Llama: una estatua en forma de llama que parece una colorida piñata. Contiene una colección aleatoria de objetos del botín raros, armas, munición y/o iconos de los recursos (madera, piedras o ladrillo y metal). Se parece a una entrega de suministros o a un cofre.

Si por casualidad te encuentras con una llama, acércate con precaución por si hubiera enemigos cerca esperando para atacarte. Plantéate construir rápidamente cuatro paredes a tu alrededor y un techo para protegerte antes de abrir la llama.

Tardarás unos ocho segundos en abrir la llama. Después necesitarás un rato para recoger los objetos que quieras llevarte. Además, a menudo será necesario tomarte tu tiempo para reorganizar la mochila y hacer sitio para las armas, la munición y los objetos del botín nuevos, que serán raros y potentes. La llama mostrada en la imagen contenía 500 de madera, 500 de piedra (o ladrillo) y 500 de metal, además de una trampa, un surtido de munición y lapas.

Fíjate en si hay luces intermitentes cuando encuentres una llama. En lugar de abrirlas, algunos jugadores les colocan explosivos remotos y las transforman en armas. Después, cuando alguien se acerca, los detonan y el soldado es destruido de un estallido. Si ves las luces intermitentes de un explosivo remoto, no te acerques.

Por otro lado, si dispones de un buen arsenal y no necesitas nada más, plantéate ponerle explosivos a la llama que te encuentres y convertirla en una trampa. Después escóndete cerca y espera a que se acerque un enemigo.

Botiquines

Durante la partida, tu soldado sufrirá algún daño y perderá algunos puntos de salud, ya sea por una herida de bala, porque le haya alcanzado una explosión o porque se haya caído.

Consumir un botiquín restablece tu salud al 100%; se tarda 10 segundos, du-

rante los cuales tu soldado será vulnerable al ataque.

Una forma de restablecer los puntos de salud de tu soldado es usar un botiquín. Los encontrarás en cofres y entregas de suministros. También puedes adquirirlos en máquinas expendedoras o cuando derrotes a un adversario y te apropies de su botín. De forma ocasional, encontrarás botiquines por el suelo. Dentro de tu mochila, puedes guardar varios en una sola ranura de almacenamiento para después usarlos de uno en uno cuando los necesites.

Cadencia de tiro

Cuando determinas la potencia de un arma, su cadencia de tiro es el número de balas (o rondas de munición) que dispara por segundo. Algunas de las armas más potentes tienen una cadencia de tiro baja, así que si quieres infligir el mayor daño posible, tienes que tener muy buena puntería. Si no es así, durante el tiempo que transcurre entre los disparos tu enemigo podrá moverse o contratacar.

Si un arma, como por ejemplo cualquier tipo de metralleta, tiene una cadencia de tiro rápida, puedes mantener el gatillo apretado y hacer que lluevan balas sobre tu enemigo. Que esto sea efectivo dependerá de varios factores, incluyendo tu puntería, la rareza del arma, la cantidad de munición que tengas a mano y la distancia a la que estés de tu adversario.

Caída libre

Después de despegar con el autobús de batalla, tu soldado se lanzará en caída libre hacia la isla. Puedes controlar el movimiento y la velocidad de tu personaje en todo momento, lo que te ayudará a alcanzar el lugar de aterrizaje deseado.

Una de las personalizaciones que puedes añadirle a tu soldado es un efecto de estela, pero tienes que haberlo desbloqueado o comprado con anterioridad.

Una vez hayas adquirido efectos de estela, elige el que quieres usar desde la pantalla Taquilla antes de la partida. Selecciona la opción Estela (situada a la derecha de la opción Ala delta) y escoge entre las que aparecen desbloqueadas.

La estela que elijas es meramente estética. No tiene ningún impacto en la velocidad a la que cae tu soldado ni en nada relacionado con la caída.

Puedes activar el ala delta de tu soldado en cualquier momento durante la caída para ralentizar drásticamente la velocidad de su descenso y controlar con mayor precisión la dirección mientras se deja caer.

Puedes activar y desactivar el ala delta cuantas veces quieras. Sin embargo, si tardas mucho en activarlo, se abrirá de forma automática cuando el soldado esté cerca del suelo para que aterrice de forma segura.

Cajas de munición

Estas cajas contienen un surtido aleatorio de munición y, al contrario que los cofres, no brillan. Búscalas en casas, edificios y otras estructuras preexistentes. A menudo se encuentran en estanterías o debajo de las escaleras.

Cambio automático de material

Se encuentra en el menú Ajustes y cuando está activado te permite cambiar automáticamente de material de construcción (madera, piedra o metal) cuando se te acaba el que estás utilizando y la estructura no está terminada.

Tenerlo activado te ahorrará valiosos segundos cuando estés en modo Construcción.

Cada vez que entres en modo Construcción, después de elegir la forma que quieres crear, selecciona entre madera, piedra o metal. Podrás seguir construyendo mientras te quede ese material. Cuando se te acabe, necesitarás cambiar a otro (de forma automática o manualmente) o ir a buscar recursos para poder continuar tu construcción.

Caminar

Una de las maneras en las que puede desplazarse por la isla un soldado es caminando. Correr es más rápido que caminar e ir de puntillas es más lento, aunque haces menos ruido.

Carretes Comprometidos

En la cuadrícula H2 del mapa se encuentra Carretes Comprometidos, también llamados «El Bloque». Este punto de interés se añadió a la isla en la Temporada 4. Cuenta con un autocine; en el aparcamiento encontrarás coches y camiones abandonados.

Revisa la parte de atrás de los camiones: encontrarás cofres y objetos del botín. Explora también la zona cercana a la pantalla del cine y los edificios aledaños. Golpea los coches y los camiones para obtener metal (pero recuerda que harás mucho ruido).

Entra en el puesto de comida (la cafetería) y encontrarás un cofre en los baños. Busca el resplandor dorado.

C

Dentro del cobertizo que alberga las mesas de pícnic suele haber un cofre, además de otras armas y objetos del botín.

denadas C7 del mapa: restaurantes de comida rápida, unas cuantas tiendas y varias casas.

Hay una vieja casa cerca del autocine. Explórala como harías con cualquier otra. Es probable que encuentres muchas armas, munición y objetos del botín. Además, hay un cofre en el ático.

Caserío Colesterol

Esto es lo que encontrarás en la zona de la isla que se encuentra en las coor-

Explora los edificios para encontrar algún botín y para esconderte de tus enemigos. También puedes colocar trampas o explosivos remotos para sorprender a tus oponentes con una dolorosa detonación. Si todavía no has conseguido una trampa, puede ser que haya alguna a la venta en las máquinas expendedoras.

En los áticos y en los sótanos de las casas (cuando los haya) encontrarás cofres y otras armas útiles, munición y objetos del botín. Puedes aterrizar sobre un tejado y destrozarlo para acceder a la casa, entrar por la puerta y subir hasta la última planta o construir una rampa en el exterior que vaya hasta el tejado y destruirlo para forzar la entrada. No te olvides de revisar las tiendas (mostradas en la imagen).

A poca distancia de Caserío Colesterol se encuentra un complejo deportivo que no tiene nombre en el mapa. Lo encontrarás cerca de las coordenadas C5. Hay una piscina cubierta donde es muy probable que encuentres como mínimo un cofre, además de armas, munición y objetos del botín.

El campo de fútbol que encontrarás en el interior del complejo y las habitaciones y zonas que lo rodean están también repletos de útiles objetos del botín.

Charca Chorreante

Ubicada en la cuadrícula I9 del mapa, esta región contiene muchos árboles que forman un espeso bosque. En las afueras, hay una cárcel abandonada.

Rastrea las torres de vigilancia de la cárcel y después dirígete a las celdas individuales. Una vez allí, destruye las paredes y encontrarás oficinas, habitaciones y otras zonas a las que no podrás acceder de otro modo.

Justo al salir de la cárcel, te encontrarás con un montón de vehículos. Dos de ellos esconden un cofre.

También descubrirás un plató de cine en esta zona. Rastréala y verás varios edificios, una torre de vigilancia de madera, un pantano con un bote de remos y otros lugares de interés. Cuando te encuentres al aire libre y seas vulnerable al ataque, avanza con precaución y prepárate para ponerte a cubierto.

Hay un cofre en la torre de vigilancia de madera. Además, es una buena ubicación desde la que disparar a tus enemigos. Según se rumoreaba en junio de

2018, al comienzo de la Temporada 5 iban a hacerle unos retoques a Charca Chorreante, así que prepárate para ver grandes cambios en esta zona.

Chiringuito Chatarra

Lo encontrarás entre las coordenadas B1.5 y C1.5 del mapa y es un vertedero con coches apilados por todas partes. A menudo hallarás objetos valiosos sobre las pilas de coches y puedes explorar el laberinto que se forma entre ellas a ras de suelo.

Cuando salgas de Chiringuito Chatarra (cerca de las coordenadas B1 del mapa), no te olvides de revisar esta torre (en la imagen) con forma de llama.

Allí encontrarás cofres y armas. Si es posible, intenta aterrizar en ella cuando te lances del autobús de batalla y ve destrozándola hasta llegar al suelo.

Como puedes ver en la imagen, Chiringuito Chatarra es como un laberinto. Es más seguro revisar la zona desde las alturas, no desde el suelo, especialmente si hay adversarios en las inmediaciones. Puedes escalar las pilas de chatarra y saltar de una a otra o puedes construir pasarelas para mantenerte siempre a cierta altura.

Plantéate colocar una trampa o un explosivo remoto en el suelo, cerca de una de las pilas de coches. De esta manera, podrías derrotar con una detonación sorpresa a un soldado enemigo que estuviera rastreando la zona, mientras tú te encuentras a una distancia segura.

No te olvides de revisar los edificios que encuentres en Chiringuito Chatarra, así como las estructuras que hay al salir de la zona, cerca de las coordenadas C1 del mapa.

Círculo

El área que se encuentra dentro del círculo exterior que se muestra en el mapa es la zona segura (habitable) de la isla. En ella todavía no ha hecho estragos la tormenta. La zona inhabitable de la isla, donde la tormenta está activa, aparece de color rosa.

Cuando veas dos círculos en el mapa, el área que se encuentra dentro del círculo exterior es la zona segura. Dentro del círculo interior se muestra la zona que será segura la próxima vez que avance la tormenta. Una línea blanca te mostrará la ruta más directa para mantenerte a salvo.

Ciudad Comercio

Se encuentra en la cuadrícula H5.5 e incluye un puñado de tiendas, restaurantes y un depósito de agua, además de unas cuantas casas que circundan, en la mayor parte de los casos, zonas de aparcamiento. Una de las características más singulares de esta zona es que los cofres no se encuentran siempre en el mismo sitio.

A menudo encontrarás un cofre encima del depósito de agua.

Desde el tejado de la casa mostrada en la imagen, ubicada en las afueras de Ciudad Comercio, ve bajando destrozándolo todo a tu paso con el pico. Al tejado de la imagen le falta un trozo; si miras con atención, verás un cofre desde arriba. Si sabes que hay algún enemigo escondido en una casa o estructura y tienes armas explosivas (como un lanzagranadas o un explosivo remoto), vuélala por los aires.

Lo más probable es que mates a tu rival.

La mayoría de las tiendas y restaurantes contienen armas, munición y objetos del botín a la vista, pero busca también habitaciones y áreas escondidas, donde habrá objetos adicionales como cofres, por ejemplo.

En el mercado, entra por el área de carga y descarga y escala por las cajas y estanterías. Encontrarás un cofre cerca del techo.

Coches y camiones

Verás muchos coches, camiones, tractores, camionetas de helado, autobuses, caravanas y otros vehículos abandonados por toda la isla. Puedes utilizarlos de distintas maneras.

Puedes agacharte tras ellos para protegerte cuando te estén disparando, o cuando seas tú el que dispare.

Puedes utilizar el pico para destrozar los vehículos, incluidos los coches, autobuses, furgonetas y camiones, y conseguir metal. Son una de las mejores fuentes de metal de la isla, pero tienen una desventaja: hacen mucho ruido cuando los destrozas y esto desvelará tu ubicación a tus enemigos. Además, en muchas ocasiones, harás saltar la alarma del vehículo, lo que provocará todavía más ruido.

A veces hay cofres escondidos en la parte de atrás de un camión u otros vehículos. No te olvides de buscar encima de los camiones, ya que allí puede haber armas, munición y objetos del botín adicionales.

Cofres

Todos los cofres contienen una selección aleatoria de armas, munición, objetos del botín o recursos. Suelen estar escondidos en las casas y edificios que encontrarás por la isla, aunque a veces también puedes hallarlos al aire libre.

Cuando localices un cofre, acércate y ábrelo. Según dónde se encuentre, es posible que tengas que agacharte para abrirlo. Cuando lo hagas, sus contenidos se esparcirán por el suelo. Escoge las armas, la munición, los objetos del botín y los recursos que quieras, teniendo en cuenta lo que ya llevas en la mochila.

Si fuera necesario, intercambia los objetos que no desees de tu mochila por los nuevos.

Cuando explores un edificio, escucha atentamente por si oyes el sonido que emiten los cofres cuando te acercas y permanece vigilante para ver el resplandor dorado que despiden.

En algunas ocasiones, tendrás que construir rampas o escaleras para alcanzar un cofre escondido dentro de un edificio o de una estructura. Si está en el ático, es posible que tengas que salir al tejado y utilizar el pico para acceder a él.

Si estás dentro de un edificio y no sabes cómo llegar al ático, sube a la última planta y construye una rampa hasta el techo. Utiliza tu pico para hacer un boquete y poder acceder.

La ubicación de los cofres en la isla no suele variar mucho de partida a partida, así que cuando encuentres uno, recuerda su ubicación. Puedes volver allí en la siguiente partida, abrirlo y recoger sus contenidos. En algunos puntos de interés de la isla, la ubicación de los cofres es más aleatoria. Cuando se ha abierto uno en una partida, raramente vuelve a aparecer, así que el primer soldado que lo encuentra y lo abre es el que se beneficia.

Algunas veces encontrarás cofres en el exterior, o también escondidos en el interior de algo o detrás de un objeto. En la imagen puede verse un cofre escondido en una caseta de perro.

Si decides acercarte a un cofre que se encuentra al aire libre, sé muy precavido. Puede haber un soldado enemigo escondido con un fusil de tirador esperando a que te acerques. Te disparará tan pronto como te vea. Prepárate para construir paredes con rapidez a tu alrededor para protegerte cuando vayas a abrir un cofre que se encuentre en una zona que te haga vulnerable al ataque.

Configuración del mando Combate Pro

Si el combate es tu principal estrategia cuando juegas a Fortnite: Battle Royale, y juegas en PS4 o XBOX One, puedes cambiar la configuración de tu mando inalámbrico a Combate Pro. Esto hará que tengas siempre a mano las funciones de combate que más utilizas. Desde la Sala, accede al menú Ajustes y selecciona el submenú Mando inalámbrico.

Configuración del mando Constructor Pro

Entra en el menú Ajustes y selecciona la opción Mando inalámbrico. Aquí puedes elegir entre distintas configuraciones preestablecidas del mando. La configuración Constructor Pro es ideal para jugadores expertos en construcción, que usan esta habilidad como una de sus estrategias principales. Esta configuración del mando hace que las herramientas de construcción más populares sean más rápidamente accesibles.

Configuración del mando Constructor rápido

Esta configuración del mando (de PS4 en la imagen) hace que las funciones del juego asociadas con la construcción estén disponibles con mayor facilidad. Si eres principiante, es mejor que dejes la configuración Vieja escuela (estándar), ya que así tendrás más a mano las funciones que más se utilizan para combatir, obtener recursos y construir. Conforme vayas ganando experiencia en Fortnite: Battle Royale, si

ves que tu estrategia personal se centra en la construcción, entonces puedes cambiar la configuración a Constructor rápido o Constructor Pro.

Construcción Turbo

Una vez hayas activado esta función desde el menú Ajustes, cuando entres en modo Construcción y elijas el material y lo que quieras construir, mientras mantengas pulsado el botón del mando (o del teclado o ratón), se seguirá construyendo esa pieza. Continuará así hasta que dejes de pulsar el botón o te quedes sin recursos. Si utilizas esta función, crear una rampa o paredes a tu alrededor será más fácil y más rápido.

Construir piezas

Una vez en el modo Construcción, elige el material (madera, piedra o metal) que quieres utilizar y lo que quieres construir. Puedes levantar paredes, suelos, techos, rampas, escaleras o tejados piramidales. En la imagen se muestran las distintas formas en la esquina inferior derecha de la pantalla, pero esto puede variar dependiendo de la plataforma de juego que utilices.

La clave para convertirte en un experto en construcción es tener la habilidad de mezclar distintas formas para crear estructuras, rampas y fortalezas que sean perdurables y útiles siempre que lo necesites. La estructura mostrada en la imagen está construida con madera, ladrillo y metal. Si te fijas, pueden distinguirse los distintos materiales. Consulta la entrada «Recursos» de esta enciclopedia si quieres descubrir cómo conseguirlos.

Las construcciones y estructuras que puedes hacer se basan principalmente en tu creatividad y en la cantidad de recursos que hayas ido acumulando. Cuando llegues a la fase final del juego verás que tus adversarios son capaces de crear altas e ingeniosas fortalezas para protegerse y desde las que lanzar sus últimos ataques.

En la batalla final o cuando construyas una fortaleza o rampa cerca de un rival, utiliza el mismo material que estén utilizando ellos. Esto enmascarará el ruido que haces al construir y hará que les resulte más difícil averiguar tu ubicación exacta.

Construye rampas y escaleras altas para llegar a lugares que de otra manera son inaccesibles en edificios o estructuras, por ejemplo. También puedes crearlas para colocarte a mayor altura que tu rival en un tiroteo. Lo normal es que el soldado que esté más alto tenga una ventaja táctica. En la imagen, una rampa sobresale de una pequeña fortaleza de madera.

Una vez hayas construido una pared o un techo, o hayas creado una fortaleza, puedes entrar en modo Editar y añadirle una ventana o una puerta.

En el margen superior, de izquierda a derecha, se encuentran las letras de la A a la J. En el margen izquierdo, de arriba abajo, se encuentran los número del 1 al 10. Utiliza las letras y los números para identificar con sencillez cualquier ubicación o cuadrícula del mapa.

Utiliza la puerta para entrar y salir de una estructura con facilidad. Recuerda que una vez la hayas construido, cualquiera puede cruzarla, aunque no haya sido invitado. Crea una ventana para observar el exterior y disparar a través de ella, pero ten cuidado: tus enemigos también te verán a ti y podrán dispararte.

Cuando abres el mapa de la isla, puedes hacer zoom y desplazarte por la imagen para ver con mayor detalle una determinada zona. Haciendo esto en diferentes áreas, podrás ver más de cerca puntos de interés que aparecen sin nombre, como el motel que se encuentra entre las coordenadas D2 y E2 (pue-

Coordenadas del mapa

Como puedes ver en la imagen, el mapa de la isla está dividido en cuadrículas.

des verlo en la imagen, en el centro de la mitad superior de la pantalla).

Correr

Además de caminar e ir de puntillas, tu soldado puede moverse por la isla corriendo. Es la forma más rápida de desplazarse, a no ser que tengas una plataforma de lanzamiento o un propulsor.

Para seguir corriendo, mantén pulsado el botón correr de tu mando (o de tu ratón o teclado). Existe la opción Correr automático para que tu soldado siga corriendo sin necesidad de mantener pulsado el botón.

Deslizarse colina abajo

Cuando te desplaces entre puntos de interés de la isla, encontrarás montañas y colinas en tu camino. Suelen estar rodeadas de escarpados acantilados; si intentas saltar desde uno de ellos, sufrirás daño (perderás puntos de salud) o quedarás tan herido que serás eliminado de la partida.

En lugar de saltar, acércate al borde del acantilado y utiliza el mando para deslizarte hacia abajo. Es seguro deslizarse incluso desde las colinas o los acantilados más altos. Sin embargo, ten en cuenta que no puedes deslizarte de rampas, escaleras, tejados o torres.

Derrotar al adversario

Cada vez que te enfrentas a un soldado en una batalla y ganas, este o esta será derrotado y saldrá de la partida. En ese momento, las armas, la munición, los objetos del botín y los recursos que llevaba acumulados se esparcirán por el suelo y quedarán disponibles para que los recojas tú (o cualquiera que pase por allí). Actualizar tu arsenal con las armas, munición y objetos del botín de enemigos derrotados puede darte acceso a artículos más potentes. Además, ganarás tiempo cuando te quedes con sus recursos, ya que no tendrás que obtener tanta madera, piedra y metal por ti mismo.

Derrotar enemigos es la manera más rápida de mejorar el nivel de tu personaje, ya que te hará ganar puntos de experiencia.

Edificios y estructuras de la isla

Encontrarás por toda la isla muchas casas y mansiones que puedes explorar y en las que puedes esconderte o luchar. Quizá parezcan distintas por fuera; sin embargo, una vez dentro, todas tienen varios pisos y muchas habitaciones y pasillos. Además, algunas casas incluyen un ático y/o un sótano.

Además de casas y mansiones, en varios puntos de interés de la isla encontrarás también edificios altos, fábricas, minas, cárceles, estadios cubiertos, tiendas, restaurantes, gasolineras (como en la imagen), torres, iglesias y otros tipos de estructuras preexistentes.

Cada vez que entres en un edificio, escucha con atención por si hubiera movimiento en su interior. Podrías oír ruido de pisadas del enemigo, puertas que se abren o se cierran, o a un rival utilizando su pico para destrozar algo. En cualquier caso, si oyeras movimiento y aun así decidieras entrar, hazlo con el arma en la mano y procura ir de puntillas para hacer el menor ruido posible.

Antes de entrar en un edificio, echa un vistazo por la ventana si puedes. Si ves a un enemigo, dispara o lanza una granada a través de ella.

Cuando te acerques a una casa, un edificio o una estructura y veas que la puerta está abierta, puede ser porque hay alguien dentro o porque han estado allí y se han marchado. Si todavía se encuentran en el interior, puedes esperar afuera y lanzar un ataque sorpresa, derrotar a tu enemigo y apoderarte así de sus armas, munición, objetos del botín y recursos. Si decides entrar en la estructura, hazlo con sumo cuidado y con el arma en la mano. Lo más probable es que te encuentres algún rival y te veas obligado a meterte en un tiroteo en un espacio reducido.

plosivo remoto), utilízala para volar por los aires el edificio y a quien se encuentre en su interior. En la imagen se ve cómo, en lugar de entrar caminando por la puerta principal, hicieron trizas la pared frontal de la casa.

Utiliza el modo Construcción para construir en interiores, sin importar el tipo de edificio o estructura en el que te encuentres. Por ejemplo, podrías construir una pared para protegerte dentro de un edificio, o una rampa o escaleras para llegar a una zona elevada a la que no puedas acceder.

Puedes destrozar con tu pico casi cualquier edificio o estructura que te encuentres en la isla para conseguir recursos, incluyendo las paredes, los suelos y los techos, además de todo lo que descubras en el interior, como muebles o maquinaria. Si sabes que hay un enemigo escondido dentro de un edificio y tienes un arma explosiva a tu disposición (algún tipo de granada o ex-

Emboscada

Cuando te encuentras en el interior de un edificio preexistente, siempre tienes la opción de esconderte detrás del mobiliario o de algún objeto, agacharte, apuntar con el arma y esperar a que aparezca tu enemigo. Después, puedes lanzar un ataque sorpresa y derrotar con rapidez al sorprendido adversario.

Otra forma de tender una emboscada a tu rival es colocar explosivos remotos o una trampa en un lugar astuto, donde pienses que el enemigo pueda ir a buscar algo. Cuando se acerque, detona los explosivos manualmente o permite que se active la trampa por sí sola. Así puedes debilitar o incluso derrotar a un oponente. Para atraerlo a la zona en la que se encuentra la trampa, puedes dejar por el suelo, a modo de cebo, valiosos objetos del botín.

En la imagen puede verse un explosivo remoto colocado en la pared. Podrás confirmar que está activado cuando veas la luz azul intermitente.

El soldado que ha colocado el explosivo tendrá ahora que retirarse y esperar a que se acerque un enemigo para detonarlo. Consulta la entrada «Explosivos remotos» de esta enciclopedia si quieres obtener toda la información sobre este tipo de arma.

Emoticonos

Son una de las tres clases de gestos que están disponibles en el juego. Consulta la entrada «Gesto» de esta guía si quieres más información. Cuando utilizas un emoticono, el soldado lanza un icono al aire para que lo vean todos los que están cerca.

Cada icono ha de ser desbloqueado o comprado por separado. Elige qué emoticonos quieres vincular a tu soldado desde la pantalla Taquilla. Durante la partida, accede al menú Emoticono (mostrado en la imagen) para exhibir el que quieras.

Entrega de suministros

Mantente siempre alerta a las entregas de suministros. Suelen aterrizar justo a las afueras de los puntos de interés. Cuando veas que está aterrizando una entrega, acércate con cuidado y solo en caso de que necesites ampliar tu arsenal con armas potentes y raras.

En lugar de acercarse a la entrega de suministros, lo que hacen algunos jugadores experimentados es esconderse cerca de la zona y esperar para tender una emboscada a los soldados enemigos que se aproximen. Puedes utilizar cualquier arma de largo alcance para lanzar un ataque sorpresa desde la distancia, aun-

que las mejores son el fusil de tirador (o el fusil con mira) y el lanzagranadas.

Escopetas

Probablemente, la escopeta sea el tipo de arma de mayor utilidad que encuentres en la isla. Las hay de muchas clases y son más potentes que las pistolas.

En la pantalla Inventario de mochila se muestran los detalles del arma u objeto que tienes seleccionado. En la imagen puedes ver los detalles de la escopeta táctica.

Las escopetas se pueden utilizar en situaciones de combate a corta o media distancia, e incluso a larga distancia (aunque en este caso es más difícil apuntar con ellas que con un fusil con mira, por ejemplo). Apunta siempre a la cabeza cuando uses una escopeta para infligir más daño.

Escudos

Además de los puntos de salud, una de las cosas que te puede mantener con vida durante el juego son los escudos. Al comienzo de la partida no tienes ningún escudo, por lo que tu barra está a cero. Los escudos te protegen de ataques enemigos, pero no te protegen de las caídas. La cantidad de protección que tengas dependerá del nivel de tu barra de escudo.

Cuando tienes escudos activos y sufres algún daño, lo primero que ocurrirá es que se reducirá tu barra de escudo, dependiendo de la gravedad del daño. Si vuelves a sufrir algún daño cuando tu barra de escudos está vacía, se verá la de salud.

En el momento en que tus barras de escudo y de salud estén vacías, serás eliminado de la partida. Perderás todas las armas, la munición, el botín y los recursos que hayas reunido durante la misma.

Cuando consumas una poción de escudo pequeña, una poción de escudo normal, un sorbete o un bidón de plasma, se activarán o se repondrán tus escudos. Tan pronto como encuentres un objeto del botín que reponga tus escudos, úsalo. Consumir un bidón de plasma, por ejemplo, activará y repondrá tu barra de escudo al 100%.

Lo ideal sería que llegaras a la fase final de la partida con las barras de salud y de escudo al completo. Además, deberías tener a mano uno o dos objetos del botín que repongan ambas por si sufres algún daño.

Estela

Es el efecto que va dejando atrás tu soldado cuando se lanza del autobús de batalla y cae en picado hacia la isla. Puedes desbloquear una amplia selección de diseños y efectos de estela.

Estructuras

Hay muchas clases de estructuras en la isla. Cuando te las encuentres, averigua de qué forma las puedes utilizar en tu beneficio: ¿Necesitas esconderte? ¿Buscas una ubicación que te dé ventaja táctica para lanzar un ataque? ¿Necesitas localizar armas, munición u objetos del botín para ampliar tu arsenal?

Encontrarás estructuras preexistentes (algunas con cofres, armas, municiones, botín o iconos de recursos) por toda la isla. Además, puedes construir tus propias estructuras donde quieras, no solo en los puntos de interés.

Cuando explores la isla, especialmente en los puntos de interés, te encontrarás muchas estructuras preexistentes como cabañas, cárceles, casas, casas de huéspedes, criptas, edificios, establos, fábricas, granjas, iglesias, mansiones, minas, oficinas, puentes, restaurantes, silos, tiendas, torres de reloj y torres de vigilancia.

se colocaran y detonaran explosivos remotos.

En esta imagen se muestra lo que queda de la cabaña después de colocar y detonar tres explosivos remotos.

Si utilizas armas explosivas como granadas, explosivos remotos (mostrados en la imagen) o armas propulsadas (como el lanzagranadas o el lanzamisiles), puedes destruir cualquier estructura. Cuando lo hagas por completo, quien esté dentro sufrirá daño o acabará muerto como resultado de las heridas causadas. En la imagen se muestra la apariencia de una cabaña antes de que

Todo lo que hay dentro de una estructura preexistente, como muebles, electrodomésticos u objetos, puede ser destruido. Si golpeas y destrozas algo de madera, como una pared o una escalera, se incrementan tus reservas de madera. Si destrozas algo de ladrillo, como una pared o una chimenea, se amplían tus reservas de piedra, y si lo que destrozas es metálico, como una valla o un electrodoméstico, aumentan tus reservas de metal.

No te olvides de que puedes construir paredes, rampas, escaleras o incluso fortines dentro de estas estructuras, encima de ellas o como anexo. Por ejemplo, podrías construir una rampa para llegar a una zona que esté fuera de tu alcance o podrías construir paredes adicionales a tu alrededor para ponerte a salvo.

Exploración

En el transcurso de cualquier partida, uno de tus objetivos principales será explorar la isla. Según la estrategia que utilices, puede consistir en visitar uno o más puntos de interés y explorar las casas, edificios y estructuras que se encuentran en esa zona.

También puedes explorar las zonas menos pobladas de la isla, a las afueras de los puntos de interés. Almacena armas, munición, objetos del botín y recursos que encuentres por el suelo, ya sea al aire libre o en los edificios y estructuras que encuentres en tu camino. La casa mostrada en la imagen se encuentra en Caserío Colesterol.

Como todo en la isla, explorar puede ser peligroso. Por ejemplo, evita caerte accidentalmente de acantilados o torres. Cualquier caída desde una altura superior a tres pisos puede tener consecuencias fatales. Si es desde menos altura, se dañará tu salud. Los escudos no protegen al soldado de las caídas.

Puedes deslizarte con seguridad por un acantilado alto y escarpado en lugar de saltar desde él.

Es importante mantenerse a una altura elevada, especialmente cuando hay soldados enemigos en la misma zona de la isla que tú. Si te encuentras en el tejado de un edificio y lo que quieres es pasar al de al lado, en lugar de bajar al suelo, entrar en el edificio y volver a subir, plantéate construir una pasarela entre los tejados.

La forma más rápida de atravesar el agua, como en la zona del lago de Balsa Botín, es construir un puente y cruzarlo a pie. Caminar por el agua es muy lento y te deja expuesto al ataque en campo abierto.

Cada vez que explores dentro de una casa, un edificio o una estructura, tu soldado hará ruido. Si sabes que hay enemigos cerca, camina de puntillas y evita destrozar objetos con el pico.

Asimismo, cuando abras o cierres una puerta también harás ruido que podrán oír los que estén cerca. Para confundir o engañar a tus enemigos, cierra las puertas detrás de ti una vez las hayas cruzado.

Una de las mejores maneras de obtener una vista de pájaro de tu entorno es construir rápidamente una rampa, subir a la parte más alta y mirar a tu alrededor.

Si hay soldados en la zona, estos verán la rampa, así que prepárate para ponerte a cubierto o disparar contra ellos.

Cuando veas a un enemigo en la parte superior de una rampa, puedes intentar destrozar la base de esta para que se desmorone (recuerda que una caída desde gran altura causará la muerte del soldado).

Explosivos remotos

Un soldado puede llevar hasta 10 explosivos remotos a la vez. Actívalo pegándolo a un objeto, una pared o una estructura, por ejemplo, y detónalo después de forma remota.

Después de colocar el explosivo remoto, atrae a tu adversario hasta él y detónalo. Asegúrate de que tu soldado está lo bastante lejos para que no le alcance la explosión. Sabrás que está activado cuando veas una luz azul.

Fogata acogedora

Las fogatas acogedoras son escasas, pero cuando encuentres una, guárdala para cuando necesites sanarte (tú y tus aliados, si juegas en modo Dúos o Escuadrones). Las encontrarás en los cofres y entregas de suministros, o también puedes obtenerlas de los enemigos a los que derrotes. Almacénalas en tu mochila hasta que las necesites.

Para encender una fogata acogedora, tienes que encontrarte sobre una superficie plana, así que plantéate entrar en modo Construcción y crear un suelo, especialmente si estás al aire libre. Se-

lecciona y activa la fogata acogedora, después sitúate junto al fuego (durante un máximo de 25 segundos). Por cada segundo que pases junto al fuego se repondrán dos puntos de salud.

Como tardarás al menos 30 segundos en preparar y cosechar los beneficios de la fogata acogedora y serás vulnerable al ataque mientras lo haces, construye cuatro paredes a tu alrededor para protegerte mejor o comprueba que estás en una zona segura y apartada. Todos los aliados que se sitúen junto al fuego repondrán también su salud.

Formaciones rocosas

Existen formaciones rocosas por toda la isla. Puedes esconderte tras ellas para protegerte o también golpearlas con el pico para obtener piedra.

Formar escuadrón

Es el proceso de invitar a tres de tus amigos para jugar en equipo en el modo Escuadrones.

Si tus tres amigos no están disponibles pero aun así quieres jugar en este modo, selecciona la opción Rellenar y el juego te agrupará con otros para formar escuadrón. Cuando juegas con uno o más aliados, la comunicación se convierte en algo esencial. Puedes utilizar auriculares gaming con micrófono incorporado para comunicarte en tiempo real o utilizar el chat.

Fortaleza

Utilizando los recursos (madera, piedra o metal) puedes construir fortalezas muy sencillas o muy elaboradas con las que proteger a tu soldado o desde donde lanzar ataques potencialmente devastadores con un arma explosiva propulsada (como un lanzagranadas) o con un fusil de largo alcance (con o sin mira).

Una fortaleza sencilla puede tener una sola altura e incluir cuatro paredes y tal vez un tejado. Las más elaboradas pueden tener varias plantas. Utiliza tu ingenio para diseñarlas, dependiendo de la situación en la que te encuentres.

Además de revisar la entrada «Técnicas de construcción» de esta enciclopedia, no te olvides de permanecer en Fortnite: Battle Royale en modo Observando cuando te eliminen de una partida. También puedes ver retransmisiones en vivo y vídeos en YouTube y Twitch.tv que muestren a jugadores experimentados (y que ocupan las primeras posiciones del *ranking*) construyendo fortalezas durante la batalla final. Observar a otros jugadores te dará ideas geniales y te ayudará a elegir el mejor lugar y momento para construir fortalezas complejas.

Fortnite: Battle Royale

Es un juego gratuito, de multijugadores y a tiempo real, que se desarrolla en una isla. Si compras Fortnite, el juego viene con una serie de misiones Fortnite: Salvar el mundo, que se centran en la historia y son bastante diferentes. Fortnite: Salvar el mundo no es lo mismo que Fortnite: Battle Royale. Para 2019, se espera que Epic Games convierta Fortnite: Salvar el mundo en un juego gratuito y disponible en todas las plataformas más populares.

Si todavía no lo has hecho, puedes descargarte Fortnite: Battle Royale en tu PC o Mac visitando la página web https://www.epicgames.com/fortnite/es-ES/download y pulsando el botón Descargar. Los usuarios de PS4 deben visitar la tienda PlayStation, mientras que los usuarios de Xbox One deben visitar Xbox Marketplace. Para adquirir la edición Nintendo Switch del juego, visita Nintendo eShop o Nintendo Switch Online.

La versión del juego para dispositivos móviles de iOS (mostrada en la imagen

en un iPad Pro) está disponible en la App Store de Apple, mientras que la versión para dispositivos de Android (cuando esté disponible) la podrás adquirir en la Play Store de Google.

Se necesita estar conectado a internet para descargar y jugar a cualquiera de las versiones del juego de Fortnite: Battle Royale. Si juegas en PC o Mac, o en un dispositivo móvil, necesitarás también una cuenta gratuita en Epic Games. Los jugadores de PS4 necesitan una cuenta en PlayStation Network, mientras que los usuarios de Xbox One han de ser miembros de pago de Xbox Gold.

Fortnite: Recursos

Jugadores profesionales de todo el mundo han creado canales de YouTube, foros online y blogs centrados exclusivamente en Fortnite: Battle Royale. Además, puedes ver cómo compiten online jugadores profesionales y cómo describen sus mejores estrategias o puedes revisar la información sobre Fortnite: Battle Royale que publican las mejores páginas y revistas de videojuegos.

En YouTube (www.youtube.com) o Twitch.tv (www.twitch.tv/directory/game/Fortnite), introduce la frase Fortnite: Battle Royale en el campo de búsqueda y descubrirás un montón de canales relacionados con el juego, retransmisiones en vivo y vídeos pregrabados.

No te olvides de revisar estos magníficos recursos online que te ayudarán a ser mejor jugador de Fortnite: Battle Royale:

NOMBRE DEL SITIO WEB O DEL CANAL DE YOUTUBE	DESCRIPCIÓN	URL
Canal de YouTube de Epic Games para Fortnite	El canal oficial de YouTube para Fortnite.	www.youtube.com/user/epicfortnite
Sitio web oficial de Epic Games para Fortnite	Apréndelo todo sobre Fortnite: Battle Royale, así como sobre las versiones de pago de Fortnite.	https://www.epicgames.com/fortnite/es-ES
Cuenta oficial de Twitter de Epic Games para Fortnite	La cuenta oficial de Twitter para Fortnite.	https://twitter.com/fortnitegame (@fortnitegame)
Willyrex	El canal del *youtuber* Guillermo Díaz Ibáñez (Willyrex), con vídeos sobre Fortnite.	https://www.youtube.com/user/Willyrex
Wiki de Fandom de Fortnite	Descubre las últimas noticias y estrategias relacionadas con Fortnite.	https://fortnite.wikia.com/wiki/Fortnite_Wiki
Fortnite Insider	El sitio web Fortnite Insider te ofrece noticias, consejos y vídeos de estrategia relacionados con el juego.	www.fortniteinsider.com
FortniteBattleRoyale.org	Es un sitio web independiente que ofrece tutoriales de Fortnite: Battle Royale. No es una filial de Epic Games.	https://fortnitebattleroyale.org
Fortnite Tracker Network (FTN)	Visita este sitio web independiente e introduce el nombre de usuario de tu cuenta de Epic Games, o el de uno de los 13 millones de jugadores de Fortnite, para ver estadísticas detalladas de ese jugador. Consulta el número de victorias, el porcentaje de victorias, el número de asesinatos y su lugar en el *ranking* (organizado por modos de juego). Entra en la sección Popular para ver los éxitos cosechados por los jugadores más populares y que ocupan los primeros puestos de la clasificación.	https://fortnitetracker.com
Noticias sobre Fortnite de *Game Informer Magazine*	Descubre artículos y reseñas y entérate de las últimas novedades de Fortnite en *Game Informer Magazine*.	https://www.gameinformer.com/search?keyword=Fortnite

Gamespot	Entérate de las últimas novedades sobre Fortnite Battle Royale en *Gamespot*.	https://www.gamespot.com/fortnite/news/
Guías online de *Game Skinny*	Una serie de guías temáticas de estrategia para Fortnite Battle Royale.	www.gameskinny.com/tag/fortnite-guides
Noticias sobre Fortnite de *IGN Entertainment*	Revisa todas las noticias sobre Fortnite publicadas hasta la fecha por *IGN Entertainment*.	www.ign.com/wikis/fortnite
Sitio web y redes sociales de Jason R. Rich	Comparte tus estrategias de juego con el autor de esta enciclopedia y descubre sus otras publicaciones.	www.JasonRich.com Twitter: @JasonRich7 Instagram: @JasonRich7
Sitio web de Microsoft Xbox One para Fortnite	Descubre cómo adquirir Fortnite Battle Royale en este sitio web si eres usuario de Xbox One.	https://www.microsoft.com/es-es/p/fortnite-battle-royale/bt5p2x999vh2?acti-vetab=pivot:overviewtab
MMORPG.com	Lee las últimas novedades de Fortnite Battle Royale en este sitio web sobre juegos de multijugador online.	https://www.mmorpg.com/fortnite/news
Canales de YouTube y twitch.tv de MonsterDFace	Observa tutoriales y retransmisiones en vivo de un experto jugador de Fortnite.	https://www.youtube.com/user/MonsterdfaceLive https://www.twitch.tv/MonsterDface
Nomxs	Los canales de YouTube y twitch.tv del famoso *youtuber* Simon Britton (Nomxs) donde verás retransmisiones de partidas de Fortnite.	https://www.youtube.com/watch?v=np-8cmsUZmc&fea-ture=youtu.be https://www.twitch.tv/videos/259245155
El sitio web de Sony PS4 para Fortnite	Descubre cómo adquirir Fortnite Battle Royale en este sitio web si eres usuario de PS4.	https://www.playstation.com/es-es/games/fortnite-ps4/
Turtle Beach Corp.	Es una de las muchas empresas que fabrican excelentes auriculares gaming que funcionan a la perfección con PS4, Xbox One, Nintendo Switch, PC o MAC. Es esencial oír con claridad los efectos de sonido del juego, así como las conversaciones que mantengas con tus compañeros. También son compatibles con dispositivos móviles que tengan toma de auriculares.	https://es.turtlebeach.com/

Fortnite: Salvar el mundo

El Fortnite de pago está relacionado con Fortnite: Battle Royale, pero es un juego temático independiente. De todas maneras, también te da acceso a Fortnite: Battle Royale.

En estos momentos está disponible para PC, Mac, PS4 y Xbox One. Se espera que para el año 2019, Epic Games convierta Fortnite: Salvar el mundo en un juego gratuito para todas las plataformas, incluida Nintendo Switch.

Fusiles de tirador

Un fusil de tirador es un fusil con mira, de forma que puedes apuntar a tus enemigos con precisión desde la dis-

tancia. Un tiro directo, especialmente si es a la cabeza, será devastador para tu adversario.

Tómate un momento para apuntar cuidadosamente cuando uses mira. El fusil de tirador tiene el cargador pequeño y el tiempo de recarga es lento, así que si tus dos primeros disparos no alcanzan al objetivo, ponte a cubierto para evitar que te hieran mientras recargas el arma.

Como ocurre con todas las armas potentes, solo son útiles si tienes la munición adecuada, así que recógela durante la partida incluso cuando no tengas un fusil de tirador. Este tipo de arma te será muy útil durante la batalla final, aunque puedes utilizarla para derribar a tu adversario en cualquier momento.

Gesto

Durante el tiempo que estás en la zona de despegue, o en cualquier momento a lo largo de la partida, puedes comunicarte con tus adversarios con tres tipos de gestos.

Debes desbloquearlos con anterioridad en el juego y después añadirlos a tu menú de gestos personalizados desde la Taquilla antes de la partida. El menú Gestos tiene seis ranuras. Desbloquea varios gestos y selecciona cuál irá en cada una. Para desbloquearlos, tienes que comprarlos, superar desafíos o niveles de pases de batalla o adquirirlos en promoción.

Puedes lanzar los emoticonos al aire para que todos los vean.

Un paso de baile es un gesto que te permite ponerte a bailar. Muchos jugadores lo utilizan para mofarse de sus enemigos o alardear tras una victoria. Hay muchos pasos de baile que puedes desbloquear y constantemente se van incorporando otros nuevos.

Accede a la pantalla Taquilla y selecciona una de las cajas de gestos. Desde el menú Gestos, elige uno de los que estén desbloqueados y guárdalo en la ranura de almacenamiento.

Una vez desbloqueado, un grafiti te permite dejar tu huella en cualquier superficie lisa de la isla utilizando pintura virtual. Elige un diseño y píntalo en las paredes u otros objetos. En el tejado mostrado en la imagen se utilizaron dos diseños distintos: una flecha y corazones.

Gesto grafiti

Este es uno de los tres gestos que puede utilizar tu soldado durante la partida. El grafiti te permite pintar con rapidez un diseño de tu elección en cualquier superficie plana, como una pared, un árbol, un tejado o un vehículo. Accede al menú Gestos durante la partida, colócate delante del objeto que quieres pintar y selecciona un diseño.

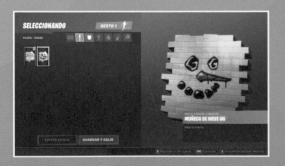

Para poder utilizar el grafiti, tienes que haber desbloqueado distintos diseños antes de la partida y haberlos añadido al menú Gestos de la pantalla Taquilla. Tu soldado tiene acceso a seis de ellos, incluyendo grafitis, pasos de baile y/o emoticonos.

Desde la pantalla Taquilla, selecciona una de las cajas de gestos. Se mostrará un menú con los que hayas desbloqueado y estén por lo tanto disponibles. Selecciona el que quieres que vaya a la ranura de almacenamiento.

Si dispones de tiempo, utiliza el mismo grafiti (o un diseño distinto) en la misma ubicación más de una vez para ser más original y dejar tu marca.

Granada de impulso

Este tipo de granadas, además de infligir daño sobre tus rivales, los lanza por los aires, alejándolos del punto de impacto. Un soldado puede almacenar varias granadas propulsadas en una sola ranura de almacenamiento. Este tipo de arma debe lanzarse contra el enemigo.

Granadas

Puedes lanzar las granadas contra un rival o contra un lugar que tengas como objetivo. Explotan con el impacto. Cuanto más cerca esté el enemigo de la explosión, más daño le causará. También puedes utilizarlas para derribar edificios o estructuras. Un soldado puede almacenar varias granadas en una sola ranura de almacenamiento de su mochila.

Cuando alguien lanza una granada, si tu personaje se encuentra muy cerca de la explosión, el daño podría ser irreparable. Las granadas pueden rebotar contra la pared u otros objetos, así que ten cuidado cuando las lances porque pueden volverse contra ti.

Habitaciones escondidas

Muchas de las casas, edificios y estructuras que encontrarás por la isla tienen habitaciones ocultas. Las más comunes están en los áticos y los sótanos de las casas o dentro de las iglesias (que encontrarás en Lomas Lúgubres).

A menudo tendrás que utilizar el pico y atravesar una pared, el suelo, o el techo para acceder a una habitación oculta. Si en ella hay un cofre, aunque no puedas verlo, oirás el típico sonido que emiten cuando estés cerca de la pared que te llevará hasta él.

Índice de daño

Es una puntuación numérica basada en el daño potencial que puede causar un arma por disparo directo. Elige siempre el tipo de arma adecuada para la tarea que debas realizar y que tenga el índice de daño más elevado.

Todas las armas que existen en Fortnite: Battle Royale se catalogan por tipos y se valoran de distintas maneras para que los jugadores puedan saber el impacto que tendrán en sus adversarios cuando las utilicen.

Estas estadísticas no tienen en cuenta la puntería de los jugadores, ni tampoco distinguen entre un disparo al cuerpo o a la cabeza: un disparo a la cabeza causa más daño que uno al cuerpo.

Una vez hayas seleccionado el arma que quieres llevar, accede al Inventario de mochila, donde podrás ver información detallada del arma y la munición

con la que cuentas. Haz esto solamente cuando tu soldado esté a salvo y no sea vulnerable a un ataque enemigo.

Existen un montón de sitios web como DeFortnite, https://defortnite.es/armas/, Guía Fortnite, https://guiafortnite.com/armas/ y Hobbyconsolas, https://www.hobbyconsolas.com/guias-trucos/fortnite/mejores-armas-loadouts-fortnite-temporada-5-288603, que proporcionan estadísticas actualizadas de todas las armas de Fortnite y que incluyen los últimos parches realizados al juego. Asegúrate de que, cuando revises estas estadísticas online, se refieran a la versión más reciente de Fortnite: Battle Royale.

Índice de daño por segundo (DPS)

DPS son las siglas de Daño Por Segundo. Utiliza esta estadística para calcular la potencia y el índice de daño de un arma. No tiene en cuenta variables como tu puntería o el daño adicional que puedes infligir con un disparo a la cabeza, por ejemplo. En general, el DPS se calcula multiplicando el daño que puede causar el arma (índice de daño) con la cadencia de tiro.

La rareza de un arma contribuye en gran medida a su índice de daño por segundo. El DPS de un arma legendaria es mucho mayor que el de un arma del mismo tipo, pero con un nivel de rareza normal. Consulta la entrada «Rareza de arma» de esta enciclopedia si quieres más información.

Indumentaria

Cada día, Epic Games lanza nuevas indumentarias (trajes) que puedes comprar para tu personaje. En esta enciclopedia se muestran varias de ellas y otros objetos opcionales para personalizar a tu soldado.

Los trajes están disponibles en la Tienda de objetos. Además, puedes desbloquearlos si superas objetivos relacionados con el pase de batalla o adquiriendo artículos de descarga libre de algún socio promocional. (Consulta la entrada «Paquetes Twitch Prime» de esta enciclopedia). En el día que se muestra en la imagen, la indumentaria destacada era Vanguardia Oscura y su precio era de 2000 paVos.

Industrias Inodoras

Se encuentra en las coordenadas D9.5 y es una fábrica de inodoros que se encuentra abandonada y tiene varios pisos. Explora el área de fabricación en su interior, además de las oficinas y los baños. Encontrarás objetos del botín muy útiles.

Construye unas escaleras o una rampa dentro de la fábrica para llegar al techo de los baños (mostrados en la imagen), donde es muy posible que encuentres un cofre.

La fábrica en sí tiene varias plantas, con una zona diáfana en el centro. Si hubiera enemigos en los alrededores, trata de permanecer en los pisos altos para poder disparar o defenderte de los que están abajo.

Cerca de Industrias Inodoras (cerca de las coordenadas E9) se encuentra un grupo de edificios que no está señalizado en el mapa.

Suele haber un cofre detrás de la cabina del DJ, que está al fondo de la pista de baile.

También encontrarás armas adicionales, munición, objetos del botín y en ocasiones cofres en el resto de edificios de esta zona. No te olvides de revisar los camiones y contenedores de metal que te encuentres por la calle.

Inventario de mochila

Es el conjunto de armas, objetos del botín y munición que llevas en la mochila en cada momento. Además de la que guarda el pico, tu mochila tiene cinco ranuras de almacenamiento adicionales. En cada una puedes llevar un arma o un objeto del botín. Es posible transportar varias unidades de algunos elementos, como los vendajes, en una sola ranura.

El edificio que tiene las cuerdas rojas en la fachada es una discoteca. Puedes pasar un rato bailando en la pista, pero será más productivo explorar la zona en busca de objetos del botín.

Puedes soltar un objeto de tu mochila en cualquier momento para cambiarlo por algo mejor. Por ejemplo, cuando tu mochila esté llena, puedes cambiar una pistola por una escopeta. O si tienes unos cuantos vendajes, puedes usarlos en el momento o soltarlos para coger un botiquín más potente o un bidón de plasma que te hayas encontrado.

Desde la pantalla Inventario de mochila puedes organizar los contenidos de la misma para acceder con mayor facilidad a las armas y los objetos del botín que utilizas con más frecuencia.

Ir de puntillas

Cuando haces que tu soldado se agache y lo mueves en cualquier dirección, va de puntillas. Es mucho más lento que caminar o correr, pero también haces menos ruido, especialmente cuando estás en el interior de alguna estructura. Agacharse también hace que se afine la puntería cuando disparas cualquier tipo de arma.

Isla

La isla es el lugar en el que se desarrollan las partidas. Contiene más de 20 puntos de interés distintos (que aparezcan en el mapa), además de un número creciente de zonas que no están señalizadas. Durante una partida, el soldado puede ir a cualquier parte del mapa. Sin embargo, es mejor evitar la tormenta letal que va expandiéndose y asolando la isla conforme avanza el juego.

Lanzamisiles

Utiliza el lanzamisiles como un arma explosiva de larga distancia para destruir edificios y estructuras (y acabar con quien se esconda dentro). Un impacto directo con él derrotará a cualquier enemigo, sin importar la distancia a la que se encuentre.

Durante la batalla final, los lanzamisiles son extremadamente útiles. Te permiten quedarte en tu fuerte, seguro y cómodo, y a la vez lanzar ataques devastadores contra las fortalezas y soldados enemigos desde la distancia.

Para que el lanzamisiles sea de utilidad, tienes que estar bien abastecido de munición, así que ve recolectando la que encuentres para esta arma a lo largo de la partida, aunque todavía no tengas una. Suele estar a la vista, por el suelo, o en cofres y en cajas de munición. También la puedes conseguir de los enemigos a los que derrotes.

Lanzagranadas

Esta es una de las armas explosivas propulsadas más potentes. Puedes apuntar a tu objetivo con precisión desde la distancia y disparar. Explotará con el impacto. Si golpeas directamente en

un edifico o estructura, esta quedará seriamente dañada o se desplomará. Si alcanzas con el disparo a un soldado enemigo lo matará inmediatamente. La mayoría de jugadores guardan el lanzagranadas para la batalla final, pero lo puedes utilizar en cualquier momento para dañar o derribar estructuras, edificios o a tus oponentes.

Lapas

Estas armas explosivas parecen un desatascador de baños y se pueden almacenar en la mochila de tu soldado. Cuando quieras usar una, selecciónala como arma activa y lánzala directamente a tu enemigo o a un objeto cercano a él.

Cuando lances una lapa, esta se pegará al soldado o a un objeto (como una pared o un árbol) y se pondrá de color azul, indicando así que ha sido activada. Explotará en unos segundos. Causará daño (o algo peor) a cualquiera que sea alcanzado por la explosión.

Las lapas pueden pegarse a casi todo y, una vez se han adherido a un soldado o a un objeto, no se pueden soltar. Si quieres incrementar el daño que infligen estas armas, lanza rápidamente dos o más al mismo objetivo y ponte a cubierto.

Latifundio Letal

Se encuentra en las coordenadas G8.5 del mapa y, cuando la explores, verás que se trata de una segunda zona agrícola y que es bastante grande. La granja, los silos, el granero y el establo, así como las demás estructuras, se encuentran a mucha distancia las unas de las otras. Para desplazarte entre ellas, tendrás que pasar mucho tiempo a campo abierto y serás vulnerable. Si te atacan, escóndete detrás de objetos o construye paredes y utilízalas a modo de escudo.

Cuando tengas que atravesar grandes distancias a campo abierto, corre rápidamente en zigzag de forma que sea poco predecible y ve dando saltos para ser un objetivo más difícil de alcanzar.

Dentro del granero encontrarás montones de heno. Puedes agacharte y esconderte tras ellos, pero ten en cuenta que no te protegerán de los ataques. Si machacas la paja o disparas contra ella, a veces puedes encontrar valiosos premios. Sin embargo, también puede haber un soldado enemigo esperando para lanzar un ataque. Asimismo, es posible subirse a los montones de heno para colocarse a más altura (y obtener una ventaja táctica y visual).

Explora la enorme granja minuciosamente. Destroza el baño y encontrarás una habitación escondida con un cofre.

Cuando Latifundio Letal se encuentra entre los primeros o los últimos lugares que sobrevuela el autobús de batalla, este punto de interés está más concurrido de lo normal, lo que significa que será más fácil encontrarse con soldados enemigos y te verás forzado a luchar contra ellos.

También es posible situarse al pie de un silo y destrozarlo con el pico para ver lo que hay dentro.

Lomas Lúgubres

Las iglesias, criptas y el cementerio de esta zona relativamente pequeña (situada en las coordenadas B3) son el escenario ideal para un tiroteo. Además, puedes hacer un barrido de esta zona y rescatar cofres, armas, munición, objetos del botín y piedra.

Hay dos silos en la granja. Aterriza sobre uno de ellos y ve destrozándolo mientras bajas. Es muy probable que encuentres un cofre o armas, municiones y objetos del botín.

No te olvides de explorar las criptas y las torres de las iglesias.

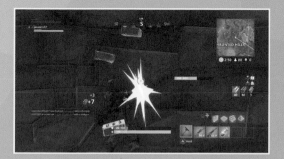

Dentro de las iglesias, destroza los muros para descubrir criptas y habitaciones ocultas en las que suele haber cofres u objetos del botín.

alto desde el que disparar, agáchate (para afinar la puntería) y utiliza una pistola, un fusil de largo alcance o un fusil de tirador (con mira) para atacar a tus enemigos desde arriba.

A menudo encontrarás objetos del botín dentro de las criptas de piedra más pequeñas. Además, si construyes un muro que bloquee la entrada, podrás utilizarlas para refugiarte temporalmente del fuego enemigo.

En cada iglesia suele haber por lo menos uno o dos cofres. Elige un lugar

Lugar de aterrizaje

Es la parte de la isla en la que has elegido aterrizar después de saltar del autobús de batalla y descender en caída libre. Algunos jugadores optan por aterrizar de golpe en medio de un punto de interés, sin importarles tener que enfrentarse a soldados enemigos nada más empezar. Otros prefieren hacerlo en lugares remotos, menos habitados o en zonas desiertas de la isla. Así tienen más tiempo para completar su arsenal y reunir recursos antes de tener que entrar en un tiroteo o de tener que enfrentarse a sus enemigos.

Madera

La madera es uno de los tres recursos que tendrás que acumular durante la partida. Cuando quieras construir, es el material más rápido. Funciona muy bien para crear deprisa rampas o pequeñas fortalezas que te protejan de un ataque. La piedra y el metal son materiales más resistentes, pero se tarda más en construir con ellos.

Estas son las tres maneras más sencillas de obtener madera:

1 Busca los iconos de troncos. Se encuentran al aire libre o en cofres.
2 Utiliza el pico para destrozar cosas de madera, como los árboles o las paredes y techos de las casas y estructuras.
3 Cuando derrotas a un enemigo, te quedas con todos los recursos que deja atrás el soldado.

Los palés de madera que hay por la isla (y que encontrarás en muchos puntos de interés) son una buena fuente de este recurso. Destrózalos con tu pico.

Mandos personalizados

Si utilizas una consola de videojuegos para jugar a Fortnite: Battle Royale como PS4, XBOX One o Nintendo Switch, accede al menú del mando inalámbrico para personalizarlo.

Desde la pantalla Sala, accede al menú Ajustes. En la PS4, por ejemplo, pulsa el botón Opciones para acceder al menú principal y después selecciona el menú Ajustes que tiene forma de mando.

Desde el menú Ajustes, accede al submenú Mando y selecciona la configuración que prefieras. Puedes elegir entre las opciones Vieja escuela (formalmente conocido como estándar), Constructor rápido, Combate Pro y

Constructor Pro. Elige la configuración que se adapte mejor a tu estilo de juego para tener a mano las funciones que más utilizas.

Si juegas a Fortnite: Battle Royale desde tu PC o Mac y utilizas el teclado y el ratón en lugar de un mando, selecciona la opción Teclado/Ratón del menú Ajustes. Desde allí, puedes asociar distintas tareas y movimientos disponibles en el juego a determinadas teclas o a los botones del ratón. Sin embargo, para la mayoría de jugadores la configuración que viene por defecto funciona bien, por lo que tampoco es necesario modificar los ajustes.

Acuérdate de guardar los cambios que realices en la configuración del mando o del teclado/ratón. Para volver a la configuración inicial, elige la opción Restablecer, que aparece casi al final de la pantalla del menú Mando inalámbrico.

Independientemente de la configuración que hayas elegido para tu mando o para tu teclado/ratón, memorízala para poder acceder con rapidez a los elementos importantes, para mover a tu soldado o para cambiar del modo Combate al de Construcción, por ejemplo. Si pierdes valiosos segundos intentando averiguar qué botón pulsar para hacer algo, lo más seguro es que acabe contigo un adversario.

Manzanas

Encontrarás manzanas repartidas aleatoriamente por la isla debajo de los árboles. Camina hacia una manzana y cuando veas el mensaje «Consumir», cómetela y recuperarás cinco puntos de salud. Puedes comerte todas las que te encuentres hasta que tu barra de salud esté al 100%.

Normalmente encontrarás un puñado de manzanas debajo de cada árbol. Coge una y cómetela si tu barra de salud no está completa. Debes consumirla en el momento y en el lugar en el que la encuentres. No puedes almacenarla en la mochila para después, como haces con otros potenciadores de salud como los vendajes o los botiquines.

No puedes consumir potenciadores de salud a la vez que disparas un arma, te mueves o construyes algo, así que durante los segundos que tardes en comerte una manzana, tu soldado será vulnerable al ataque.

Mapa de la isla

Puedes acceder al mapa durante el tiempo que estés en la zona de despegue, mientras te lanzas en caída libre a la isla o en cualquier momento de la partida.

mas suele haber varios cofres, armas en abundancia, munición y objetos del botín. Para ubicar zonas específicas del mapa, estén o no señalizadas, se utilizan coordenadas. Consulta la entrada «Coordenadas del mapa» de esta enciclopedia si quieres más información.

El mapa de la isla muestra tu ubicación (con un triángulo blanco). La zona inhabitable de la isla se muestra de color rosa. El círculo interior de color blanco ofrece una vista preliminar de la zona que será segura la próxima vez que avance la tormenta.

Durante la Temporada 7 esta era la apariencia del mapa (en la imagen) cuando aterrizabas en la isla, antes de que llegara la tormenta. La mayoría de los puntos de interés aparecen con su nombre, aunque algunas zonas más pequeñas no están señalizadas. En estas últi-

Mapa de ruta del autobús de batalla

Mientras esperas al autobús de batalla en la zona de despegue, o cuando ya te hayas montado, pulsa el botón Mapa para acceder al mapa de la isla. Durante este periodo, se mostrará una línea azul compuesta de flechas. Esta línea te muestra la ruta aleatoria que va siguiendo el autobús mientras sobrevuela la isla. Estudia bien el mapa para elegir el mejor momento para lanzarte y aterrizar en el lugar que desees.

Mapa de ubicación

El mapa de ubicación pequeño se encuentra en la pantalla durante toda la partida. Se conoce también como el «mini mapa». En la imagen está ubicado en la esquina superior derecha, pero esto dependerá del sistema de juego que utilices.

El mapa de ubicación te muestra el lugar exacto de la isla en el que te encuentras. Busca el triángulo blanco. Si te quedas atrapado en la tormenta, o estás fuera de lo que será la zona segura cuando esta avance, sigue la línea blanca para ponerte a salvo. Si estás cerca de los márgenes del círculo, se mostrará también la línea blanca del perímetro. Las zonas de color rosa son inhabitables debido a la tormenta.

Máquinas expendedoras

Hay máquinas expendedoras por toda la isla, no solo en los puntos de interés. Utiliza la madera, la piedra o el metal que has acumulado (no paVos) para comprar armas potentes y raras y objetos del botín en estas máquinas. Su ubicación no suele variar de partida a partida, aunque sí que cambia lo que se vende en ellas.

En la parte frontal de las máquinas expendedoras se van mostrando imágenes de los objetos disponibles junto con su precio (en recursos, no paVos). La máquina expendedora de la imagen se encuentra en Caserío Colesterol.

Una vez que sepas los objetos que se venden en esa máquina, si no tienes suficientes recursos para comprar lo que quieres, puedes ir a buscarlos y volver después. La que se muestra en la imagen está en el exterior de una pequeña estructura en Balsa Botín.

Para hacer una compra, acércate a la máquina expendedora, colócate delante y, cuando aparezca el objeto que quieres, pulsa el botón Comprar de tu mando, teclado o ratón. El artículo se añadirá a tu Inventario de mochila.

Si tu mochila estuviera llena, tendrás que deshacerte de un objeto antes de hacer la compra. Te toparás con la máquina expendedora de la imagen en Aterrizaje Afortunado.

Cada vez que estés al aire libre delante de una máquina expendedora, estate atento a los posibles ataques enemigos. Puedes construir cuatro paredes que te rodeen a ti y a la máquina para protegerte, especialmente si sabes que hay soldados en la zona. Si no andas con cuidado, en el momento que hagas la compra, serás atacado por un enemigo que te eliminará del juego y se quedará con lo que acabas de adquirir y con todo lo que hayas acumulado durante la partida.

Memoria muscular

El concepto de establecer y utilizar tu memoria muscular es válido para jugar en cualquier ordenador y a cualquier videojuego. El objetivo es practicar y repetir las mismas acciones una y otra vez, hasta que acaben convirtiéndose en algo instintivo. En otras palabras, te entrenas para saber exactamente qué botón del mando (o del teclado/ratón o pantalla táctil) tienes que pulsar, además de cuándo hacerlo, para no perder tiempo pensando.

En cuanto a Fortnite: Battle Royale, querrás entrenar tu memoria muscular para que te ayude a llevar a cabo tareas habituales como:

Seleccionar y cambiar con rapidez las armas en tu mochila.

Apuntar y disparar a tu objetivo con precisión con el arma seleccionada.

Cambiar entre los modos de Construcción, Recolección de recursos y Combate.

Construir estructuras rápidamente y ser capaz de cambiar de formas y de material de construcción.

Acceder al mapa de la isla, menú de Gestos y Chat durante la partida.

Menú Ajustes

Accede al menú Ajustes para hacer cambios en algunas características

del juego. No pierdas mucho tiempo toqueteando estas opciones, especialmente si eres nuevo. Cuando conozcas mejor el juego, plantéate pequeños ajustes que creas que pueden hacerte más competitivo. Por ejemplo, asegúrate de que están activadas las opciones Recoger automáticamente mejores objetos, Asistencia de apuntado, Construcción turbo y Cambio automático de material.

Activar la recogida automática de armas te puede ahorrar valiosos segundos cuando encuentras armas que quieres recoger. Cuando está activada esta opción, solo tienes que pasar por encima de una para almacenarla. Has de tener en cuenta que si tu soldado tiene la mochila llena y coge un arma nueva, tirará la que llevaba en la mano y la nueva se recogerá de forma automática.

Metal

Es uno de los tres recursos que tendrás que ir acumulando durante la partida. Cuando quieras construir una estructura, el metal será el material más robusto y el que más daño aguante antes de ser destruido. Por ello, construir una pared o una fortaleza de metal es lo que te proporcionará más protección.

Puedes obtener este material destru-yendo con tu pico los objetos metálicos que te encuentres por la isla. Pueden ser coches, camiones, vallas, silos agrícolas, maquinaria o electrodomés-ticos que veas en las cocinas, por ejem-plo. Conseguir metal hace mucho ruido y puede atraer soldados enemigos a tu ubicación.

También puedes acumular metal de-rrotando a tus enemigos y adueñándote de su botín o recogiendo los iconos de vigas metálicas (como el de la imagen) que encontrarás por la isla. A veces hallarás estos iconos de recursos en cofres.

Minipistolas

Esta es una de las muchas clases de armas que te puedes encontrar en la isla. Las puedes utilizar desde cual-quier distancia y resultan muy útiles para disparar reiteradamente sobre una pared o una estructura y destruir-la. Por supuesto, este tipo de pistola también puede causar grandes daños a un enemigo si lo alcanzan las balas.

Mochila

Todos los soldados llevan una mochila. En su interior hay seis ranuras de al-macenamiento para llevar un pico y otros cinco tipos de arma u objetos del botín. En ella también se guardará toda la munición que encuentres durante la partida.

Desde la pantalla Inventario de mochi-la, podrás reorganizar los contenidos de la misma para tener disponibles lo más rápidamente posible las armas más útiles. Escoger qué tipo de armas y mu-nición llevas en la mochila en cada mo-mento es una decisión importante, ya que tus objetivos cambiarán conforme avance la partida.

Verás los contenidos de tu mochila en la esquina inferior derecha de la pantalla de tu PS4 durante toda la partida. Esta ubicación cambiará dependiendo de la plataforma de juego que utilices.

Cuando estén llenas todas las ranuras de almacenamiento, si quieres cambiar un objeto, selecciona el artículo del que te quieras librar y recoge el nuevo. Soltarás lo que llevabas en la mano y se realizará el intercambio.

Un arma muy versátil que querrás tener a mano a lo largo de la partida es una escopeta. Son más potentes que las pistolas en el combate cuerpo a cuerpo y además las puedes utilizar también para disparar a media y larga distancia.

También es buena idea llevar en la mochila algún tipo de potenciador de salud que te ayude a mantener a tu soldado con vida en caso de que lo hieran. Vendajes, fogatas acogedoras, bidones de plasma, botiquines y sorbetes son al-

gunos de los objetos del botín que te ayudarán a reponer tu barra de salud.

Modo Combate

El modo Combate significa que llevas en la mano un arma (cualquier tipo de pistola) o un objeto (como una granada, una trampa o explosivos remotos) que puedas utilizar como tal y que estás preparado para apuntar y disparar con ellos.

Una vez tengas guardadas en la mochila dos o más armas, podrás intercambiarlas con facilidad. Solo una de ellas puede estar activada (la que llevas en la mano). Por eso es de vital importancia ordenar la mochila para poder agarrar rápidamente la que más necesites.

Tendrás mejor puntería si te agachas, pero también puedes utilizar el arma mientras estás de pie, caminas, corres, saltas o vas de puntillas. Sin embargo, cuanto más rápido te desplaces, peor será tu puntería.

Cuando estás desarmado durante los primeros segundos después de aterrizar en la isla o cuando te quedas sin munición y hay un enemigo cerca, tienes dos opciones. La primera es atacar y utilizar el pico como un arma de corto alcance. Cada golpe causará muy poco daño a tu adversario, por lo que necesitas golpearlo unas cuantas veces para que el ataque sea letal. La segunda opción es correr y evitar que te alcance un disparo mientras escapas de la zona.

Una vez estés en modo Construcción, elige qué quieres crear o editar y los materiales que vas a utilizar. Construir con madera es más rápido, pero también ofrece menor protección. Con el metal se tarda más, pero es el que mayor protección ofrece. En la imagen puede verse un muro vertical (de madera) en proceso de construcción.

Modo Construcción o Creativo

Una de las claves para convertirte en un jugador pro de Fortnite: Battle Royale es la capacidad de entrar y salir del modo Construcción. Cuando estás en este modo, debes ser capaz de crear fortalezas o estructuras sin tener que pensar mucho en ello.

Cuanto más rápido construyas, mayor será tu ventaja, especialmente si te ves metido en un tiroteo y estás haciendo una rampa o una fortaleza para situarte a más altura que tu adversario, o para protegerte (a modo de escudo) de un ataque inminente.

Modo Dúos

Al igual que los modos En solitario y Escuadrones, el modo Dúos está siempre disponible en Fortnite: Battle Royale.

Desde la Sala, selecciona la opción Modo de juego que aparece justo encima de la opción Jugar y elige el que más te apetezca.

Selecciona el modo Dúos para emparejarte con un compañero y enfrentarte hasta con 98 adversarios. El amigo que elijas ha de ser un jugador activo de Fortnite que se encuentre online en ese momento y esté conectado al juego. Si tu intención es invitar a un amigo, selecciona la opción No Completar una vez seleccionado el modo Dúos.

Después de seleccionar el modo Dúos, puedes elegir a tu compañero o dejar que el juego te asigne uno, para lo que tendrás que seleccionar la opción Rellenar. La comunicación entre compañeros durante la partida es esencial. Lo ideal sería que los dos utilizarais auriculares con micrófono para comunicaros usando vuestra voz.

Otra forma de comunicarte con tu compañero durante la partida es a través del chat. Puedes acceder a él en cualquier momento, en la zona de despegue o en cualquier lugar de la isla. Desde allí, puedes enviar el equivalente a un mensaje instantáneo a los miembros de tu equipo. Incluye los siguientes avisos: «enemigo detectado», «necesito arma», «necesito materiales», «necesito escudos» y «necesito curación».

Modo En solitario

El modo En solitario de Fortnite: Battle Royale significa que tienes que actuar solo en tu intento de sobrevivir en la isla y derrotar a un máximo de 99 adversarios sin ayuda de ningún compañero ni de escuadrones de aliados. Elige el modo En solitario desde la pantalla Sala antes de la partida.

Modo Escuadrones

Es uno de los modos de juego permanentes de Fortnite: Battle Royale. Te permite agruparte con tres amigos o jugadores. Trabajaréis en equipo para derrotar a los soldados enemigos que hay en la isla para que tú o un miembro de tu escuadrón sea la última persona en pie al final de la partida.

Antes de empezar la partida, en la pantalla Sala, selecciona el menú Modo de juego. Las alternativas se muestran directamente sobre la opción Jugar. Elige el modo Escuadrones. Después, desde la pantalla Sala, invita a tu equipo a unirse a ti o acepta la invitación de un amigo.

Si después de seleccionar el modo Escuadrones, eliges la opción Rellenar, será el propio juego quien elija a los miembros de tu equipo (de forma aleatoria). Durante la partida, se muestran en la pantalla los nombres de usuario y las barras de salud y escudo de todos los miembros de tu equipo. En la imagen, esta información aparece en la esquina superior izquierda de la pantalla,

pero esto puede variar dependiendo de la plataforma de juego que utilices.

Una vez comienza la misión de Escuadrones, puedes intercambiar armas, munición y botines con los miembros de tu equipo y estar al día de la ubicación de tus compañeros. Lo mejor es trabajar en equipo durante toda la partida.

Reconocerás a los miembros de tu equipo por su apariencia. Además, se mostrará su nombre de usuario sobre la cabeza del soldado. Cuando no estés cerca de ellos, aparecerá un mensaje en la pantalla mostrándote en qué dirección están. Asimismo, los puedes localizar en el mapa que se muestra en la pantalla.

Durante las partidas de dúos y escuadrones, si no utilizáis auriculares con micrófono para hablar entre vosotros, utilizad el chat para intercambiar mensajes.

Modo Observando

Ser eliminado de la partida puede ser una experiencia deprimente y a menudo frustrante. En lugar de enfadarte y volver inmediatamente a la pantalla Sala, quédate en modo Observando para ver el resto de la partida.

Ver a otros jugadores, especialmente a los más habilidosos, desenvolverse en Fortnite: Battle Royale puede ser de gran ayuda para desarrollar tus propias estrategias de juego. Averigua lo que hacen bien los demás cuando combaten, construyen o exploran e intenta emular o incluso mejorar sus estrategias en el futuro. En la imagen se muestra uno de los últimos momentos de la batalla final. Quedan dos soldados y cada

uno está disparando al otro desde su respectiva fortaleza, utilizando las armas más potentes de largo alcance que tiene a su disposición.

Como cualquier jugador competente, la soldado mostrada en la imagen derrota a sus enemigos y se abastece de munición, armas más potentes y botín mientras se acerca el momento de la batalla final.

Es esencial conocer la ubicación en la que se esconden tus últimos adversarios, especialmente durante la batalla final. Utiliza la mira de tu arma de largo alcance para espiar a tus enemigos y planificar tus últimos ataques.

Modos de juego

Los modos de juego principales que incluye Fortnite: Battle Royale son los siguientes:

• **En solitario:** un solo jugador compite contra un máximo de 99 adversarios.

• **Dúos:** un jugador y un compañero de equipo compiten contra un máximo de 98 adversarios. Puedes jugar con un amigo o puedes dejar que el juego te empareje con un desconocido.

• **Escuadrones:** un equipo de hasta cuatro jugadores compite contra el resto de adversarios (con un máximo de 100 jugadores por partida). Puedes jugar con amigos o puedes dejar que el juego te agrupe con tres desconocidos.

Epic Games introduce periódicamente modos de juego adicionales y torneos que están disponibles por tiempo limitado. Como puedes ver, en el menú Ele-gir modo de juego que se muestra en la imagen se ofrece por ejemplo el modo «Oro macizo» o «Patio de juegos». Observa que, cuando eliges uno de estos modos, aparece el mensaje «Por tiempo limitado».

Motel

No tiene nombre en el mapa, pero ubicado entre las cuadrículas D2 y E2 se encuentra este motel de mala muerte. Muchas de las estructuras de esta zona, como las habitaciones de huéspedes, contienen varios objetos.

Construye una rampa hasta la buhardilla de esta antigua habitación de huéspedes que se ve en la imagen y encontrarás uno de los muchos cofres que hay en la zona. Se puede ver el brillo del cofre cerca del centro de la pantalla, en la mitad superior. El motel bien merece una visita si quieres reunir tu arsenal con rapidez.

Cuando veas munición esparcida por el suelo (al aire libre) no dudes en cogerla.

Munición

Todos los tipos de arma que encuentres en la isla necesitan munición y son completamente inútiles sin ella. Guarda la munición de tus armas más potentes hasta que sea realmente necesario utilizarlas. Por ejemplo, usa el fusil de tirador cuando quieras derrotar a tu adversario desde la distancia o un lanzagranadas para destruir una fortaleza enemiga cuando tu rival esté dentro.

Puedes obtener munición de las cajas que encontrarás por el suelo (como se ve en la imagen), de los enemigos a los que derrotes o cogerla de los cofres o entregas de suministros.

Puedes acceder al inventario de tu mochila en cualquier momento para ver de qué tipo de munición dispones. Ten en cuenta que existen distintas clases y que cada una funciona con un determinado tipo de pistola, fusil o arma. Desde la pantalla Inventario de mochila, selecciona una clase de munición para ver con qué arma se utiliza y de cuánta dispones.

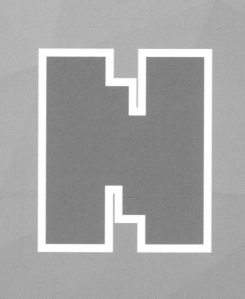

Neumáticos

Los neumáticos no se pueden almacenar ni tampoco puedes destruirlos para conseguir recursos, pero tu soldado puede saltar sobre ellos y utilizarlos como trampolín para llegar a una zona más elevada.

Nivel de pase de batalla

Cada nivel de pase de batalla incluye una serie de desafíos predeterminados diarios, semanales o relacionados con el nivel. Accede a la pantalla Pase de batalla desde la Sala para ver los niveles y averiguar qué desbloquearás cuando completes cada uno de ellos.

Notas del parche

Cada vez que Epic Games lance una actualización del juego Fortnite: Battle Royale, en su página web encontrarás las secciones Actualización de contenido y Notas del Parche. Allí se explican las novedades y las modificaciones que ha habido en el juego.

Para leer las últimas notas del parche, visita el sitio web: https://www.epicgames.com/fortnite/es-ES/news

Cada vez que se añada algo nuevo y emocionante al juego, al entrar en Fortnite: Battle Royale aparecerá un mensaje de «Nuevas actualizaciones» en una ventana emergente.

Objetos diarios

Cada día, Epic Games te ofrece una se-lección diferente de indumentaria y de los objetos de personalización que van con ella (como una edición limitada de accesorios mochileros y de diseños de picos). Están a la venta por tiempo limita-do, en la Tienda de objetos.

Puedes acceder a la Tienda de objetos desde la Sala. A la izquierda de la panta-lla, encontrarás una o dos indumentarias destacadas (vendidas por separado). En un rectángulo aparecerá una imagen que te mostrará la apariencia del traje, su nombre y el precio (en paVos). Si quieres comprarlo, selecciona el rectángulo.

Si tienes suficientes paVos, te pedirá que confirmes la compra. Puedes adquirir

paVos adicionales en la Tienda utilizando dinero real. En la imagen, el diseño de pico Hacha de Dragón está a punto de ser comprado por 800 paVos.

Junto con cada traje nuevo, se ofrecen un ala delta y un diseño de pico a juego, ven-didos por separado. Los encontrarás en un rectángulo justo a la derecha de la in-dumentaria. El traje y su correspondiente ala delta y diseño de pico se consideran Objetos destacados. A su derecha, verás que aparece una sección con seis artícu-los adicionales, llamados Objetos diarios, que pueden comprarse por separado.

Los objetos diarios pueden incluir indu-mentaria adicional (y opcional), además de diseños de ala delta y de pico. También suelen ponerse a la venta uno o dos ges-tos nuevos. Recuerda que todas estas opciones de personalización son mera-mente estéticas. Ninguna de ellas le otorga a tu soldado una ventaja competi-tiva en la partida. Eso sí, harán que tu personaje tenga una apariencia única.

Una vez que hayas comprado y desblo-queado una indumentaria, un accesorio mochilero, un diseño de ala delta o un gesto, estarán disponibles en la pantalla Taquilla. Desde la Sala, entra en la Taqui-lla antes de la partida y personaliza la apariencia de tu soldado con la indumen-taria y los objetos que hayas comprado, adquirido gratuitamente o desbloqueado con anterioridad.

Paquetes Twitch Prime

Epic Games se ha unido a Twitch.tv y Amazon.com para ofrecer periódicamente paquetes de descarga gratuitos. Para poder optar a canjearlos, tienes que abrirte una cuenta gratuita en Twitch.tv y ser miembro de pago de Amazon Prime.

Es una zona muy popular, así que si no eres el primero en llegar al campo de fútbol o a la estructura que se encuentra en medio de la zona para abrir los cofres, evita estas áreas o te dispararán. Es muy fácil alcanzar a alguien que esté en el exterior si estás en un tejado o escondido en la última planta de una casa cercana.

Un paquete típico de Twitch Prime incluye una indumentaria con un diseño de pico y de ala delta a juego y gestos, además de otros objetos de personalización del soldado. Si quieres más información, visita el sitio web: www.twitch.tv/prime/fortnite.

Parque Placentero

Esta es, junto a Ribera Repipi, una de las zonas que contiene viviendas unifamiliares. Este punto de interés se encuentra en la cuadrícula C3 y tiene también un parque y un terreno de juego.

La estructura que está en el centro de esta población suele contener un cofre. Además, es una ubicación centralizada desde la que puedes disparar a tus enemigos en todas las direcciones. Construye un fortín sobre la estructura central de la población y obtendrás una vista de pájaro de las inmediaciones. Utiliza una escopeta, un fusil de tirador o un fusil con mira para deshacerte de los soldados enemigos con relativa facilidad, sin tener que moverte mucho.

Como ocurre con cualquiera de las casas que hay en la isla, lo mejor es aterrizar sobre el tejado (o, si estás en el exterior, construir una rampa hasta él) y destrozarlo con el pico para acceder al ático. Es probable que te encuentres con soldados enemigos dentro de las casas, así que presta atención al ruido de pasos y movimientos, sobre todo antes de abrir una puerta o de subir o bajar escaleras.

Partida

La partida comienza cuando 100 soldados (como máximo) aterrizan en la isla y finaliza cuando solo queda uno en pie y la mayor parte de la isla es inhabitable debido a la tormenta. Una partida normal suele durar unos 15 minutos,

pero esto varía en función de la habilidad de los jugadores y de lo rápido que empiece a haber bajas. Cuando se vacía la barra de salud de un soldado, este queda eliminado de la partida.

Pase de batalla

Con cada nueva temporada, Epic Games pone a la venta pases de batalla. Se trata de un conjunto de objetivos o desafíos diarios y semanales organizados por niveles. Cada vez que alcances un objetivo o superes un desafío, tu soldado ganará puntos de experiencia y se desbloquearán botines y objetos para que puedas personalizarlo.

Cada pase de batalla dura una temporada y cuenta con distintos niveles. Para adquirir uno de estos pases, revisar los niveles y averiguar qué recompensas y botines se desbloquean con cada uno de ellos, accede a la opción Pase de batalla desde la pantalla Sala.

Si quieres ver la lista de desafíos diarios y semanales de cada pase de batalla, accede a la pantalla Desafíos desde la Sala.

Puedes comprar pases de batalla a lo largo de toda la temporada utilizando paVos (que cuestan dinero real). Visita la Tienda para comprarlos.

Cuando tengas suficientes paVos, accede a la pantalla Pases de batalla y selecciona la opción Comprar pases de batalla. Cuestan alrededor de 10€. De todas maneras, si después de haber comprado y activado el pase de batalla no puedes (o no quieres) superar los desafíos para desbloquear los botines y recompensas, por un precio adicional, puedes comprar un nivel completo. Cada nivel de pase de batalla que compres (por 150 paVos), desbloqueará el botín y los objetos de personalización de edición limitada que se ofrecen con ese nivel.

Si no quieres comprar pases de batalla, puedes seguir jugando a Fortnite: Battle Royale de forma gratuita, pero las recompensas que obtendrás por superar los desafíos diarios o semanales, o el nivel de experiencia que alcances no serán tan excepcionales o emocionantes como lo que habrías desbloqueado si lo hubieras comprado.

Pasos de baile

Es uno de los tres tipos de gesto que permite que tu soldado se exprese en la zona de despegue o durante la partida. Puedes desbloquear y utilizar muchos tipos de baile. Puedes crear tu propia coreografía compleja mezclando distintos pasos. Utilízalos para despistar al enemigo, para alardear tras una victoria o para entretener a los que estén en modo Observando.

PaVos

Es la moneda virtual del juego. Con ella puedes adquirir artículos de la Tienda de objetos, comprar pases de batalla o desbloquear un nivel de pase de batalla. Hay dos maneras de adquirir esta moneda: puedes completar desafíos en el juego con los que ganarás 100 paVos o puedes comprarlos (usando dinero real) en la Tienda.

Puedes comprar 1000 paVos (por 9,99€), 2800 (24,99€), 5000 (39,99€) o 13500 (99,99€).

Personalización del HUD (Fortnite para móviles)

Si juegas a Fortnite: Battle Royale desde un iPhone, iPad o desde un teléfono o tableta de Android, puedes personalizar los controles de la pantalla táctil.

Para acceder al menú de Personalización del HUD, entra en la pantalla Sala y selecciona el icono de menú que aparece en la esquina superior derecha en forma de tres rayas horizontales.

Desde el menú, selecciona la opción Herramientas de disposición del HUD.

Arrastra los distintos iconos de control con el dedo y colócalos, uno a uno, en la parte de la pantalla que desees. En la imagen puede verse la disposición de modo Combate que viene por defecto.

Elige la mejor distribución para los iconos teniendo en cuenta la forma en la que sujetas el dispositivo móvil y si eres diestro o zurdo. Es una cuestión personal. Elige la ubicación de los iconos para que te resulte sencillo alcanzarlos y que sea intuitiva para que no tengas que andar buscándolos cuando estés jugando.

Para acceder a los controles de ajuste del tamaño de los iconos, pulsa el icono con forma de flecha que encontrarás en la esquina superior derecha de la pantalla. Cuando hayas acabado, haz clic en la misma flecha. Para guardar los cambios, pulsa el botón Guardar y Salir. La nueva distribución de pantalla quedará activada hasta que la cambies manualmente o decidas resetearla.

Personalización de tu héroe

Puedes personalizar la apariencia de tu soldado. Empieza por elegir su indumentaria en la pantalla Taquilla.

Esta será la ropa que llevará durante la partida. También puedes seleccionar accesorios mochileros para personalizar su aspecto por detrás.

Además, puedes elegir el diseño de tu ala delta (y el efecto de su estela), la apariencia de tu pico y los gestos (incluidos los bailes) que puede realizar públicamente tu soldado durante la partida.

Recuerda que las personalizaciones que le hagas a tu héroe solo afectan a su apariencia en el juego. Puedes gastarte dinero real en hacer que tu personaje tenga una apariencia exclusiva, pero esto es optativo.

A la mayoría de los jugadores les encanta personalizar la apariencia de su soldado. Por ejemplo, puedes elegir la indumentaria, los accesorios mochileros, los diseños del ala delta y del pico, el efecto de la estela y hasta seis gestos diferentes. Hazlo antes de cada partida: accede a la Taquilla desde la pantalla Sala y selecciona la opción Indumentaria (como se muestra en la imagen). Solo estará disponible lo que hayas desbloqueado, adquirido con antelación o comprado.

Las opciones que se encuentren disponibles en la pantalla Taquilla se basan en lo que hayas desbloqueado durante el juego, lo que hayas comprado en la

Tienda de objetos y lo que hayas descargado (gratis) a través de los paquetes Twitch Prime. Los artículos de la Tienda de objetos se pueden adquirir individualmente utilizando paVos.

Si seleccionas la opción Ala delta en la pantalla Taquilla, se mostrarán los diseños que hayas desbloqueado, adquirido gratuitamente o comprado. Elige uno del menú y confirma tu elección.

Cada día encontrarás a la venta una selección distinta de opciones de personalización, que incluye indumentaria, diseños de ala delta, de pico y gestos. Están disponibles en la Tienda de objetos. Cómpralos de uno en uno utilizando paVos. Recuerda que estas compras cuestan dinero real y que están disponibles solo por tiempo limitado.

Prepárate para gastar entre 5 y 25 € por un traje, o más si le añades un accesorio mochilero o un diseño de pico a juego.

Por ejemplo, el raro y lujoso traje de Venturion cuesta 1500 paVos. El diseño del paracaídas Triunfo que va a juego con él cuesta otros 500 paVos, y el diseño del pico Alerón que le acompaña te costará 800 paVos más.

Despliega el menú de la Tienda y selecciona la opción Comprar paVos. Podrás intercambiarlos por objetos o pases de batalla. Comprar 1000 paVos cuesta 9,99€, por lo que esta indumentaria en particular, que cuesta 1500 paVos, te costará unos 15€. De todas maneras, puede salirte más barato si utilizas paVos que hayas ganado en el juego o si los compras en cantidades superiores a 1000. Si quieres más información, consulta la entrada «PaVos» de esta enciclopedia.

Pico

El pico es la herramienta principal del soldado. Está disponible desde el momento en que tu personaje pone un pie en la isla y, cuando no lo está utilizando, se almacena en la mochila. No se puede soltar ni cambiar por otro objeto.

Utilízalo para obtener recursos, destrozar o romper objetos y como arma para el combate cuerpo a cuerpo. Cada traje que lanza Epic Games va con un diseño opcional de pico a juego. Todos los picos funcionan de la misma manera.

Desde la pantalla Taquilla, puedes elegir la apariencia de tu pico con los diseños que has comprado, desbloqueado o adquirido de forma gratuita. Cada día, al menos uno o dos diseños de pico nuevos se ponen a la venta en la Tienda de objetos.

Piedra (o ladrillos)

La piedra es uno de los tres tipos de recursos que debes obtener y con los que puedes construir durante la partida. Es más resistente que la madera, pero se tarda más en construir con ella. De todas maneras, es más frágil que el metal (aunque se construye más rápido que con este último).

Durante la partida, puedes obtenerla golpeando y destrozando con tu pico montones de piedra o paredes de ladrillo. También la puedes conseguir al derrotar a un enemigo o con los iconos de ladrillo que encontrarás por la isla. El ladrillo y la piedra son el mismo recurso.

Pisos Picados

Se encuentra en las coordenadas D5.5 del mapa y lo primero que notarás nada más entrar en Pisos Picados es que es una de las zonas más populares de la isla, así que te encontrarás con un montón de soldados enemigos. Prepárate para luchar en cada uno de los edificios que rastrees y para continuar con el tiroteo en las calles.

Si tu intención es aterrizar en esta zona cuando te lances del autobús de batalla, tienes que ser el primero en llegar a lo alto de la torre del reloj y desde allí ir destrozándola hasta bajar al suelo. Por el camino encontrarás al menos tres cofres.

do. Puedes apuntar con tu arma y esperar a que un enemigo confiado se acerque para abrirlo. En cuanto lo tengas a tiro, dispara.

Es mejor que te quedes en las alturas tanto rato como puedas.

Para derrotar a unos cuantos enemigos de manera sencilla, busca una ubicación segura cerca de la parte alta de algún edificio y después utiliza una escopeta, un fusil de tirador o uno con mira para disparar a tus adversarios desde arriba. Si te fijas, hay un cofre sin abrir (en la imagen) en la ventana del edificio que está enfrente del solda-

Cada edificio consta de varias plantas y en todas hay muchas habitaciones. No debes sorprenderte si te encuentras con algún enemigo escondido en ellas. Ten mucha precaución cuando entres en una habitación, sobre todo si has oído pasos o el sonido de una puerta al abrirse o cerrarse.

Si tienes la valentía de merodear por las calles de Pisos Picados y eres el primero en hacerlo, tendrás tu recompensa: encontrarás los cofres, las armas, el botín, y otros objetos que se encuentran a la vista. Sin embargo, has de tener cuidado con los francotiradores y con otros enemigos que estén esperando para lanzar un ataque contra el soldado que intente acercarse a estos objetos, como el cofre mostrado en la imagen.

Al ser una zona tan popular, lo más seguro es que no seas el único en aterrizar en el tejado de uno de sus edificios, si eso es lo que quieres hacer. Cuando aterrizas estás desarmado, así que

tendrás que ser el primero en coger un arma del suelo o estar preparado para luchar con el pico. Si ves que hay mucha gente en los tejados de los edificios, intenta aterrizar en las afueras de Pisos Picados y reúne tu arsenal antes de entrar en esta peligrosa zona.

Cuando entres a un edificio donde haya más gente y empieces a registrarlo, evita quedar atrapado en una esquina o en una zona sin salida. Hay muchas habitaciones en las que podrías quedar atrapado, especialmente si todavía no tienes las armas adecuadas para enfrentarte en un tiroteo. Sin duda, Pisos Picados sufrirá algún retoque al comienzo de la Temporada 5.

Pistolas

Hay muchos tipos de pistola disponibles en la isla. Por lo general suelen ser habituales y útiles como armas de corto alcance. Son mucho menos potentes y versátiles que cualquier otro tipo de arma, como las escopetas.

acercándote rápidamente y lanzando un ataque cuerpo a cuerpo.

Al comienzo de la partida, puedes hacerte con una pistola para que forme parte de tu arsenal, pero esta debería ser uno de los primeros objetos de los que deshacerte cuando tu mochila esté llena, cuando otras armas más potentes (y útiles también a corta distancia) estén disponibles.

Si tienes la opción de elegir entre una pistola y una escopeta, escoge la segunda.

Plataforma de lanzamiento

Este objeto se puede recolectar y utilizar para catapultar a tu soldado, activar el ala delta y transportarlo con precisión a una zona diferente. Es un objeto raro. Te servirá para escapar de la tormenta si te quedas atrapado en la zona inhabitable. También puedes utilizar la plataforma de lanzamiento para rushear a un adversario que se encuentre lejos,

Para utilizar la plataforma de lanzamiento, esta tiene que estar situada sobre una superficie lisa. Una vez colocada en el suelo, haz que tu soldado la pise para activarla.

Tu soldado será lanzado por los aires en cuanto pise la plataforma de lanzamiento.

Cuando se active el ala delta, manéjalo de la misma manera que lo hiciste cuando tu soldado se acercó a la isla por primera vez al saltar del autobús de batalla.

Poción de escudo

Este es uno de los potenciadores de salud que puedes encontrar y consumir durante la partida. Puedes guardar varias pociones de escudo en una sola ranura de almacenamiento de tu mochila y beberlas de una en una cuando lo consideres necesario. Al igual que los demás objetos del botín, puedes encontrarlas en cofres o entregas de suministros, adquirirlas de enemigos derrotados o incluso las puedes ver por el suelo. También es posible encontrarlas a la venta en las máquinas expendedoras.

Cada vez que bebes una de estas pociones, tu barra de escudo aumenta hasta 50 (con un máximo de 100). Bébete dos de una vez para activar y reponer por completo tu barra de escudo. Tardarás varios segundos en consumirla, en los que tu soldado será vulnerable al ataque.

Poción de escudo pequeña

Las pociones de escudo pequeñas son menos potentes que las pociones de escudo. Se trata de dos tipos diferentes de objetos, así que si tienes una de cada, requerirán dos ranuras de almacenamiento de tu mochila.

Consumir una poción de escudo pequeña repondrá la fuerza de tu escudo hasta 25 (con un máximo de 100), pero se tardan bastantes segundos en consumirla y tu soldado será vulnerable al ataque mientras lo hace.

Porta-fortalezas o Fuerte portátil

Es un objeto del botín raro. Cuando lo encuentres, puedes guardarlo en la mochila hasta que lo necesites.

Cuando lo activas, se construye inmediatamente una fortaleza de metal de varias alturas. No necesitas recursos para crearla. Utilízala para protegerte de un ataque inminente, o como refugio cuando seas tú el que quiere lanzar un ataque sobre los demás con armas de largo alcance o proyectiles. Dentro de la fortaleza encontrarás neumáticos sobre los que puedes saltar y llegar así al último piso rápidamente. Desde arri-

ba, si miras hacia afuera, obtienes una vista de pájaro de las inmediaciones. Baja un poco, aunque sin salir de la zona alta (como se muestra en la imagen) para protegerte mejor.

Los porta-fortalezas son altos y robustos. Plantéate utilizarlo durante la batalla final o en cualquier momento en el que creas que te van a lanzar un poderoso ataque.

Propulsor

Es un objeto del botín de tiempo limitado que se introdujo en la Temporada 4, aunque no descartamos que vuelva. Si te encuentras uno, abróchatelo y podrás volar a toda velocidad durante unos momentos a la vez que controlas tu movimiento. Utilízalo para llegar a las zonas más remotas con rapidez, para escapar de la tormenta, rushear a un adversario o lanzar un ataque desde el aire. En la imagen puede verse a un jugador o jugadora utilizando el propulsor para volar sobre la fortaleza de su soldado y vigilar mejor los alrededores en la batalla final.

Cuando veas una casa que tenga en el exterior una puerta de entrada al sótano, destrózala y registra todas las habitaciones que haya en él. Lo más seguro es que encuentres un cofre.

Pueblo Tomate

Además de una pizzería, un puesto de tacos y una gasolinera, hay varias casas que puedes registrar en esta zona. Encontrarás Pueblo Tomate en las coordenadas G4 del mapa. Lo mejor de este punto de interés son los túneles y puentes de acceso a esta región.

La gasolinera de Pueblo Tomate no suele tener nada útil en su interior. Sin embargo, registra el tejado y las inmediaciones

Revisa las dos plantas de la pizzería. Encontrarás un surtido de armas, munición y botín.

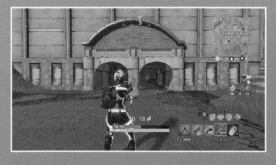

de esta estructura. No te intentes esconder en ninguna de las gasolineras de una sola planta de la isla, incluyendo esta. Tus enemigos te verán con facilidad y podrán dispararte a través de las ventanas.

Este túnel (en la imagen) por el que entras y sales de Pueblo Tomate es uno de los lugares más inusuales que encontrarás en esta zona. Dentro hay un botín. A mitad de camino, descubrirás una escalera de subida; en ella hay más objetos del botín. Justo al otro lado de Pueblo Tomate hay un puente que te ofrece otra ruta para entrar y salir de la zona. No te olvides de registrarlo también por debajo y encontrarás más objetos.

Puntos de experiencia

Hay muchas maneras de ganar puntos de experiencia durante una partida, como participar en ellas, simplemente (y no abandonar antes de que acabe). Cuanto más tiempo estés con vida, más puntos de experiencia recibirás. También los ganas cuando tienes éxito al atacar a un enemigo (por ejemplo, haciéndole daño) y por cada soldado que derrotes.

Además puedes conseguir puntos de experiencia (o bonus de experiencia) completando desafíos diarios, semanales o relacionados con pases de batalla.

Si desbloqueas un bonus de experiencia, recibirás puntos adicionales en cada partida que juegues en lo que queda de nivel (o del pase de batalla completo).

Ganar estos puntos te ayuda a incrementar el nivel de experiencia, que se muestra en la pantalla Sala. Si quieres averiguar el impacto que está teniendo un bonus de experiencia en tu éxito, accede a la pantalla Perfil. Para entrar desde la pantalla Sala, selecciona la opción Carrera y desde allí elige la opción Perfil.

Puntos de interés

Un punto de interés es una ubicación que está señalizada en el mapa y que tiende a ser popular. Cada uno de estos puntos presenta un terreno diferente, ofrece una selección distinta de edificios y estructuras para que explores y contiene un surtido de cofres, armas, munición, botines y recursos.

En la Temporada 4 el mapa tenía 20 puntos de interés señalizados, además de distintas áreas que, aun siendo populares, no tenían nombre. Carretes Comprometidos fue uno de los nuevos puntos de interés añadidos.

Al comienzo de cada nueva temporada, verás modificaciones en el mapa de la isla. Por ejemplo, puede haber un nuevo punto de interés o puede ser que uno de los ya existentes haya sido modificado radicalmente.

Ten en cuenta que cada vez que hay un nuevo punto de interés en la isla, este suele ser una zona de aterrizaje extremadamente popular, ya que todo el mundo quiere ver cómo es. Por eso, tan pronto como aterrices, te encontrarás con muchos soldados enemigos. Para sobrevivir, tienes que ser uno de los primeros en aterrizar y hacerte con un arma. Si no es así, te dispararán nada más llegar, cuando todavía no estés armado.

Cuando quieras visitar un punto de interés popular, plantéate aterrizar en las afueras de esa zona. Recoge armas, munición, botines y recursos y después acércate bien equipado y dispuesto a pelear. Así permanecerás con vida más tiempo, pero verás que si llegas tarde a una zona durante la partida, es probable que los cofres hayan sido abiertos y tus oponentes ya hayan cogido las armas, la munición y los objetos del botín que estaban disponibles. Sin embargo, cuando derrotes a un enemigo, podrás quedarte con su botín.

Las primeras veces que aterrices en un punto de interés popular, invierte un poco de tiempo en averiguar la ubicación de los cofres, así como la de otras armas y objetos. Cuando conozcas mejor la zona y regreses a ella en otras partidas, sabrás con exactitud dónde encontrar el mejor botín y adónde ir para mantenerte a salvo.

Puntos de interés sin señalizar

Además de los más de 20 puntos de interés que aparecen en el mapa, hay un número creciente de localizaciones que no están señalizadas pero que contienen estructuras interesantes o edificios que puedes explorar, objetos que puedes recoger y formas de conseguir armas, munición, botines y recursos adicionales.

A menudo encontrarás estos puntos de interés en los márgenes de la isla, cerca de la costa, o cuando te desplaces entre puntos que sí están señalizados. A continuación se detallan unas cuantas zonas que tal vez quieras visitar la próxima vez que juegues.

El motel (entre las coordenadas D2 y E2 del mapa) es popular porque en las antiguas habitaciones de huéspedes y alrededor de otras estructuras puedes encontrar armas muy buenas, munición y botín, especialmente si eres el primero en llegar a esta zona. No está lejos de Acres Anárquicos.

Ubicados en las coordenadas C5, se encuentran dos estadios cubiertos, además

de otras estructuras que no aparecen en el mapa.

Cerca de las coordenadas E9 del mapa hay un grupo de edificios, uno de los cuales es una discoteca.

Lo que se ve en la imagen es todo lo que queda de una antigua mansión que hay cerca de las coordenadas C2 del mapa (a las afueras de Chiringuito Chatarra). Encontrarás cofres y otros objetos del botín entre sus ruinas.

Si rastreas la zona cercana a las coordenadas D8 del mapa, encontrarás unas cuantas casas y un restaurante de tacos. En la distancia, se ve la torre de madera con forma de silla. En la imagen un soldado está situado sobre ella.

En las coordenadas I5 del mapa, hay un parque de caravanas (en la imagen) rodeado por varias estructuras. Encontrarás objetos útiles dentro de las mismas, pero si circulas entre las caravanas y las mesas de pícnic, hallarás armas, munición y botín tirado por el suelo o en el techo de algunas caravanas.

Entre las coordenadas I2.5 y J2.5 del mapa, junto a la costa (a las afueras de Alameda Aullante) encontrarás esta casa (mostrada en la imagen), que tiene una enorme estructura de madera sobre el tejado. Si lo que quieres es aterrizar en una zona remota y reunir rápidamente grandes cantidades de armas, munición y botín, esta es la ubicación perfecta para comenzar la partida.

Aterriza sobre la estructura de la imagen y ve bajando con la ayuda del pico. Después, ve adentrándote en la isla, evitando los puntos de interés durante los momentos iniciales de la partida. De esta manera podrás reunir un montón de armas y recursos sin tener que enfrentarte a tus enemigos.

Hay un almacén de contenedores de mercancías cerca de las coordenadas H4.5 del mapa. Consta de un puente elevado por el que puedes cruzar para estar a más altura que tus enemigos.

En el interior de lo que parece un almacén, se encuentra este extraño plató cinematográfico (mostrado en la imagen). Se ubica cerca de las coordenadas C1.5 del mapa. Hay un cofre en la planta de arriba. Desvíate de Chiringuito Chatarra y descubre lo que hay en esta ubicación.

Durante la Temporada 4, coincidiendo con el Mundial de fútbol, se añadió un inmenso estadio cerca de las coordenadas C2 del mapa. Hay muchas zonas dentro de las instalaciones y en las inmediaciones que puedes explorar y también podrás recoger un montón de objetos si te pasas por aquí.

Puntos de salud

Centrada en la parte inferior de la pantalla (en la mayoría de las plataformas) se muestra la barra de salud del soldado (de color verde). La barra de escudo se encuentra justo por encima de esta (en azul). La de salud muestra el número de puntos de salud que le quedan a tu soldado. Van de 0 a 100. Cuando la barra (o el número de puntos) llegue a 0, quedará inmediatamente eliminado de la partida.

Cada vez que dañen a tu soldado, se reducirá su salud. Esto puede deberse a una herida de bala, una caída o a una explosión, por ejemplo.

A lo largo de la partida, encontrarás muchas maneras de mejorar la salud de tu personaje. Por ejemplo, puedes comerte una manzana o beber un bidón de plasma o un sorbete. También puedes utilizar fogatas acogedoras, vendajes o un botiquín. Estos son objetos del botín que encontrarás por la isla, en los cofres, entregas de suministros o en las máquinas expendedoras.

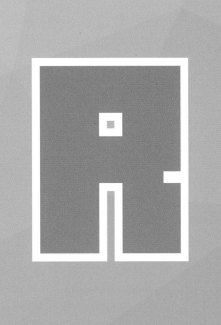

Rareza de arma

Todas las armas disponibles en Fortnite: Battle Royale tienen la capacidad de causar daño y derrotar a tu adversario. Algunas también pueden destruir estructuras. Cada arma se valora teniendo en cuenta distintos criterios, incluyendo su rareza, que se indica mediante un código de colores:

Las de color gris son comunes.

Las de color verde son poco comunes.

Las de color azul son raras.

Las de color púrpura son épicas.

Las armas legendarias (de color naranja) son difíciles de encontrar, muy potentes y extremadamente escasas. Si tienes la oportunidad de coger una, no te lo pienses.

Es posible recoger varios ejemplares de la misma arma y que tengan distinta rareza.

Si recoges dos armas iguales y una de ellas es rara y la otra legendaria, quédate con la legendaria y cambia la otra cuando puedas.

Recursos

La madera, la piedra (ladrillo) o el metal son los tres recursos que querrás reunir y utilizar durante cada partida. Puedes usarlos para construir, además de para comprar objetos en las máquinas expendedoras que hay por la isla.

Diseminados por la isla encontrarás iconos de leña, ladrillos y vigas de metal. Recógelos y conseguirás una reserva extra de ese material. Asimismo, cada vez que derrotes a un soldado enemigo en la partida, además de quedarte con sus armas, munición y objetos del botín, te apoderarás también de sus recursos.

Para la batalla final, durante la cual necesitarás construir una fortaleza alta y robusta, querrás tener al menos entre 1000 y 1500 unidades de madera, piedra y/o metal a tu disposición. Cuantos más recursos tengas, mejor.

Ribera Repipi

Localizada en las coordenadas A5 del mapa, es el lugar donde vivía la gente rica que habitaba la isla. Esta área contiene varias mansiones con vistas al mar, cada una de ellas con varias plantas y muchas habitaciones que puedes explorar.

Cerca de esta región hay dos montañas. En la Temporada 4, una de ellas escondía una base secreta en su interior, mientras que en la otra había una casa. (Puede que esto sea eliminado del juego en la Temporada 5 o más adelante).

Además de registrar las mansiones, no te olvides de revisar la zona de los edificios de seguridad y los almacenes que están cerca.

No te olvides de registrar los áticos y sótanos (cuando los haya) de las mansiones. Es donde probablemente encontrarás cofres.

Dentro de la montaña, en las coordenadas C5.5 del mapa, encontrarás una base escondida. Construye una rampa hasta la cima y descubrirás la entrada secreta.

Antes de entrar en una mansión o casa, escucha atentamente por si oyeras algún ruido en su interior. También puedes echar un vistazo por las ventanas para asegurarte de que no hay nadie dentro. No olvides que una forma de sorprender a un enemigo es disparándole a través de una ventana. Si sabes que hay alguien dentro y no te asusta enfrentarte a él, puedes entrar por el garaje o la puerta de atrás, en lugar de por la puerta principal. Sé impredecible.

Abre a golpes el garaje (mostrado en la imagen) que se encuentra en la montaña y desciende al interior de la misma.

Registra la base escondida en su totalidad. Encontrarás varios cofres, muchas armas, munición y objetos del botín.

También hay un misil gigante. La razón de ser del mismo y de la base es un misterio que fue desvelado al final de la Temporada 4 (cuando se lanzó el misil) y al comienzo de la Temporada 5 (cuando la grieta que este creó en el cielo fue explicada).

Rifles o fusiles de asalto

Existen muchos tipos de fusil que puedes almacenar y utilizar contra tus enemigos. El tipo de fusil y su rareza determinarán su potencia. Son idóneos como armas de largo alcance, especialmente los que tienen mira, aunque los puedes usar desde cualquier distancia.

Normalmente, los fusiles son más lentos de cargar y solo caben una o dos rondas de munición en la recámara. Si fallas el primer disparo, puedes ser vulnerable a un ataque mientras recargas (suponiendo que tengas munición). Además, tu enemigo puede moverse o buscar refugio entre disparos. Si quieres información sobre el índice de daño o la potencia de los distintos tipos de arma de Fortnite: Battle Royale, consulta las entradas «Índice de daño por segundo (DPS)», «Cadencia de tiro», «Tiempo de recarga» y «Rareza de arma» de esta enciclopedia.

Para ver la potencia o capacidad de un fusil en particular (o de cualquier arma), accede al Inventario: te mostrará detalles del arma seleccionada (y la munición de la que dispones).

Rocas de salto

Durante la Temporada 4, cuando la isla fue bombardeada por meteoritos, aparecieron rocas de salto en muchos de los cráteres. Cuando las consumes, durante aproximadamente 30 segundos tu soldado será capaz de saltar más alto y llegar más lejos y no se hará daño cuando salte o se caiga desde mucha altura.

Cuando consumes la roca de salto, tu soldado empieza a brillar. No sabemos si los cráteres permanecerán cuando la Temporada 4 se acabe. Si los eliminan en la Temporada 5 (o más adelan-te), es probable que las rocas de salto se conviertan en una reliquia.

Rushear al adversario

Rushear a un adversario significa acercarse con rapidez para lanzar un ataque cuerpo a cuerpo. Por ejemplo, si durante la batalla final tanto tú como tu enemigo os encontráis a salvo en vuestras fortalezas y decides salir de la tuya y correr hacia él para atacarlo, esto se conoce como rushear a tu adversario.

Sala

Esta es la pantalla principal, desde la que puedes elegir el modo de juego, entrar en la partida, consultar detalles acerca de tu soldado (incluido el nivel de experiencia), ver los desafíos o leer noticias de Epic Games. Además, desde aquí puedes acceder al Pase de Batalla, los Desafíos, la Taquilla, la Tienda de objetos, la Carrera o la Tienda, así como al menú Ajustes.

Señorío de la Sal

Se encuentra en la cuadrícula F7 del mapa. Allí descubrirás un puñado de

casas unifamiliares y una gasolinera formando un conjunto. Asegúrate de revisar las casas, pero mantente alerta por si hubiera soldados enemigos merodeando por allí.

Como siempre, cuando vayas a registrar una casa, una mansión o un edificio y veas que la puerta está abierta, es porque alguien ha estado allí antes que tú (probablemente varios soldados) y todavía podrían estar dentro.

Las casas que hay en el Señorío de la Sal y en otros lugares de la isla pueden ser distintas por fuera, pero por dentro casi todas tienen varias plantas con un puñado de habitaciones en cada una de ellas.

Esta estructura de ladrillo (o piedra) que se ve en la imagen bien merece una visita, especialmente si necesitas armas. Además, está fuertemente fortificada, así que es un buen escondite si lo necesitas.

Socavón Soterrado

Durante la Temporada 4 (que comenzó en mayo de 2018), la isla fue alcanzada por lo que parecían ser meteoritos. Empezaron a aparecer cráteres por toda la isla. El meteorito más grande destruyó la zona conocida como Polvorín Polvoriento y, en su lugar, se construyó Socavón Soterrado. Esta zona se encuentra en la cuadrícula G5 del mapa.

Hay dos edificios grandes (almacenes) a las afueras del cráter. Allí podrás almacenar armas, munición y objetos del botín y encontrarás unos cuantos cofres, pero también tendrás que luchar contra soldados enemigos para sobrevivir.

Dentro del cráter, se encuentran las rocas de salto (al menos así era en la Temporada 4). Consumirlas hará que saltes más alto y más lejos durante 30 segundos. Puedes utilizar esta habilidad para tener una ventaja táctica al acercarte rápidamente a tus enemigos y lanzar un ataque. Sin embargo, las rocas de salto también les darán superpoderes al resto de soldados, que podrán utilizarlos contra ti.

En el corazón del enorme cráter hay un centro de investigación. Cuando entres, tendrás que guiarte a través de túneles laberínticos hasta llegar a las oficinas y laboratorios.

Detrás de cada puerta cerrada puede haber un laboratorio lleno de objetos útiles o puedes encontrarte a un soldado enemigo esperando para machacarte con sus armas, así que estate alerta y lleva el arma en la mano.

En el centro del laboratorio de investigación se encuentra el meteorito. Tal vez esté siendo estudiado o tal vez estén aprovechando su poder. Los secretos que guarda el meteorito serán desvelados probablemente durante la Temporada 5 (o más adelante). ¡A saber lo que ocurrirá en Socavón Soterrado en el futuro!

Socavón Soterrado está situado en el centro del mapa y es uno de los puntos de interés más populares del juego, por lo que, si decides aterrizar aquí, tienes que hacerte con un arma en cuestión de segundos o serás derrotado casi inmediatamente.

Si aun así quieres que Socavón Soterrado sea tu lugar de aterrizaje, podrías posarte en una zona menos concurrida, en las afueras de este punto de interés. Busca armas, munición y objetos del botín y, cuando estés completamente armado y preparado para la lucha, acércate a Socavón Soterrado. Consume una roca de salto (que podrás encontrar en el perímetro exterior del meteorito) y avanza con saltos gigantes para llegar al centro de investigación con rapidez. De esta manera, pasarás menos tiempo al aire libre y serás menos vulnerable.

Soldados de la tormenta

Entrar en la tormenta durante poco tiempo dañará tu salud y escudos, pero no será letal si sales de su influjo antes de que las barras lleguen a cero. Por eso, algunos jugadores eligen esconderse en la tormenta durante intervalos cortos de tiempo o entran en ella para cambiar de ubicación y lanzar un ataque sorpresa a su enemigo. Cuando utilizas la tormenta como una ventaja táctica, se te conoce con el nombre de «soldado de la tormenta».

Sorbete

Por cada segundo que pasas consumiendo un sorbete, tu salud se incrementará un punto (hasta un máximo de 25). Mientras los bebes, tu soldado tiene que estar quieto y es vulnerable al ataque.

Puedes llevar varios sorbetes en una sola ranura de almacenamiento de tu mochila y consumirlos de uno en uno cuando los necesites. Tus barras de salud y escudo están completas cuando llegan a 100. Si la de salud está a 85 y la de escudo a 80, consumir un sorbete hará que lleguen a 100, pero no pasarán de ahí.

Sótano Soterrado

Encontrarás sótanos dentro de muchas casas, edificios y otras estructuras. A menudo habrá dentro de estos (y de los áticos) cofres, armas potentes, munición y objetos del botín.

Si en el exterior de una casa ves una puerta para acceder al sótano, destrózala con el pico, entra y explóralo. Acuérdate de buscar habitaciones ocultas. En algunas casas, edificios, man-

siones y otras estructuras, tendrás que destrozar el suelo de la planta baja para acceder a un sótano escondido.

Soto Solitario

Se encuentra en las coordenadas J5 del mapa. En Soto Solitario encontrarás una gran casa de madera, una serie de cabañas, caravanas aparcadas y una alta torre de vigilancia.

El lugar más emocionante que puedes explorar en este punto de interés es la enorme mansión con vistas al mar (en las coordenadas J5 del mapa).

Cuando te acerques a la puerta principal de la mansión, utiliza tu pico para destrozar el suelo: encontrarás la entrada a un sótano escondido. Se trata de un centro de control de alta tecnología repleto de objetos fantásticos. Además verás que hay varios cofres.

No te olvides de explorar la gran casa de madera de Soto Solitario. Encontrarás cofres y otras recompensas.

La estructura más alta de la zona es la torre de vigilancia de madera mostrada en la imagen. Encontrarás objetos del botín cerca de la parte superior. Si escalas hasta arriba del todo, ten cuidado de no caerte o saltar, ya que morirás. Eso sí, si entras en combate contra un soldado enemigo cerca de la parte más alta de la torre, procura que salten o se caigan.

Muchas de las pequeñas cabañas de la zona contienen armas, munición y objetos del botín. Puedes colocar trampas o utilizar explosivos remotos con facilidad en ellas. También puedes esconderte dentro y tender una emboscada: cierra la puerta cuando entres, agáchate, saca tu arma y espera a que entre un soldado enemigo.

Subfusiles (ametralladoras)

Se trata de una categoría de arma disponible en la isla. Hay muchas clases de subfusiles que tienen una capacidad de recarga elevada y disparan muchas rondas de munición por segundo. Cuanto más lejos estés de tu objetivo, peor puntería tendrás.

Los subfusiles son los mejores para el combate a corta y media distancia, pero también son válidos como armas de largo alcance. Son especialmente útiles para destruir rampas, estructuras o muros.

Tamaño del cargador

En lo que se refiere a la evaluación de la potencia y habilidad de un arma, el tamaño del cargador representa el total de rondas de munición o balas que caben en ella antes de tener que volver a cargarla. Recargar un arma lleva un tiempo valioso durante el que tu soldado es vulnerable al ataque.

Las escopetas tienen el cargador pequeño, pero cada ronda de munición es un fuerte golpe si alcanza su objetivo. Las ametralladoras y otras armas tienen el cargador más grande, pero el daño que inflige cada bala en tu enemigo es menor.

Taquilla

Esta es la zona de almacenaje virtual donde se guardan todos los objetos que compras o desbloqueas para la personalización de tu soldado cuando no los usas. Accede a la Taquilla antes de la partida y personaliza la indumentaria de tu personaje con los objetos disponibles.

La taquilla se divide en tres secciones: a la derecha de la pantalla se muestra la apariencia de tu soldado; debajo del apartado Cuenta y Equipamiento aparecen secciones individuales de la Taquilla que te permitirán elegir el banner, la indumentaria y los diseños de accesorio mochilero, pico, estela y pantalla de carga; debajo de estas opciones, en la sección Gestos, podrás elegir entre seis tipos diferentes (incluyendo emoticonos, pasos de baile y grafitis) para utilizarlos durante la partida.

Cuando compres o desbloquees un artículo de la Tienda de objetos, este aparecerá automáticamente en la sección correspondiente de la Taquilla.

Si aparece un pequeño banner amarillo con un número en la esquina superior derecha de la pantalla de la Taquilla, significa que hay nuevos objetos disponibles. Solo aparecerán en esta pantalla los artículos que hayas desbloqueado, comprado o ganado.

Técnicas de construcción

Algunos jugadores de Fortnite pasan un número incontable de horas practicando en modo Construcción para llegar a dominar la elaboración de intrincadas fortalezas de varias plantas. Otros se basan más en sus habilidades de lucha y combate y usan el modo Construcción solo si es absolutamente necesario.

Un tipo de estructura que sin duda querrás aprender a construir es una fortaleza con una base de 1x1.

Aprende a construir con rapidez una fortaleza de 1x1

Una fortaleza con una base de 1x1 consta simplemente de cuatro paredes que construyes a tu alrededor con una rampa en medio para subir a distintas alturas. La madera te permite construirla a gran velocidad, pero el metal te protege mejor. Practica hasta que seas capaz de crear este tipo de fortaleza a gran velocidad, sin tener que pensar mucho en ello.

Así es como se construye una fortaleza con base de 1x1 (mostrado en la imagen):

Empieza por construir cuatro paredes a tu alrededor.

Construye una rampa en el centro de la estructura y ve saltando sobre ella. Repite este proceso para añadir pisos a la fortaleza.

Plantéate añadir cuatro estructuras piramidales alrededor del tejado para estar más resguardado cuando quieras observar el exterior. Si también necesitas proteger la parte superior, añade un techo que mantenga a cubierto la cabeza de tu soldado.

siempre y cuando el rival no tenga tiempo de disparar y destruir la rampa mientras estás en ella. Cuando saltas de una estructura, tu soldado puede caer desde una altura de tres plantas sin herirse. Desde mayor altura, se lesionará (o peor).

En muchas ocasiones, es más importante la altura que la seguridad. Construye una rampa ascendente rápidamente y dispara a tus rivales desde arriba.

Cuando necesites protegerte con rapidez, construye una pared vertical con el material más resistente del que dispongas. Acto seguido, construye una rampa (o escaleras) detrás de esta estructura para protegerte. Esto te proporciona una capa doble de protección que tendrá que destruir tu enemigo para alcanzarte. Si te agachas, serás un objetivo más pequeño.

Añade una pared vertical a ambos lados de la rampa (cerca de la cima) para estar más protegido cuando estés arriba disparando a tus enemigos. Tendrás ventaja

En algunas ocasiones, construir dos rampas, una al lado de la otra, puede resultar ventajoso. En primer lugar, porque tu enemigo no podrá saber tu ubicación exacta cuando te muevas de la una a la otra. Además, si una rampa está a punto de ser destruida puedes saltar rápidamente a la otra para sobrevivir al ataque y evitar la caída. Necesitarás más recursos para construirla, pero a menudo merece la pena.

Rushear con rampa es una estrategia que implica construir una rampa muy alta con rapidez para poder lanzarte directamente sobre el enemigo (o su fortaleza) e iniciar un ataque frenético. Si utilizas una rampa doble y te mueves en zigzag, a tus enemigos les resultará más difícil rastrear tu ubicación exacta.

Temporadas

Cada tres o cuatro meses, Epic Games presenta una nueva Temporada de Fortnite: Battle Royale que incluye una importante actualización del juego con nuevas armas, objetos del botín, puntos de interés, desafíos y un nuevo pase de batalla. Al comienzo de cada Temporada, el nivel de experiencia de tu soldado vuelve a 1, pero mantienes toda la indumentaria y todos los objetos que tenías desbloqueados.

Tiempo de recarga

Todos los tipos de arma que existen en el juego tienen una capacidad de recarga, que determina el número de balas (o la cantidad de munición) que cabe en el tambor. Cuando hayas gastado esta munición, asumiendo que tengas más, necesitarás recargar el arma. El tiempo de recarga determina cuánto tardarás en recargar un arma vacía.

Durante el proceso no se puede disparar y te encontrarás básicamente indefenso. Plantéate seriamente esconderte detrás de algún objeto mientras lo haces. Las armas que tienen un tiempo de recarga lento suelen ser las que tienen las balas o la munición más potentes. Un disparo de estas armas causa mucho daño. Sin embargo, si no tienes muy buena puntería, cada ronda de munición que uses causará poco o ningún daño a tu enemigo y cuando sea el momento de recargar el arma, serás vulnerable al ataque.

Hasta que apuntes como un pro, elige armas que tengan la capacidad de recarga alta y un tiempo de recarga rápido. Cuando hayas afinado tu puntería, plantéate utilizar armas que tengan munición más potente y un tiempo de recarga más lento. Uno o dos disparos directos con un arma con tiempo de recarga lento derrotarán al enemigo, por lo que el tiempo de recarga dejará de ser un problema.

Tienda de objetos

Cada día hay a la venta una selección de artículos de edición limitada, como indumentarias, diseños de pico y de ala delta y gestos. Los encontrarás en la Tienda de objetos, a la que se accede desde la pantalla Sala. Puedes comprarlos de uno en uno utilizando paVos (que cuestan dinero real). Los artículos de la Tienda de objetos suelen estar disponibles durante un solo día, aunque lo normal es que se vuelvan a poner a la venta en otras ocasiones.

Tormenta

Uno de los desafíos que encontrarás en el juego es la tormenta letal. Conforme vaya avanzando la partida, cubrirá cada vez mayor parte de la isla y se reducirá la zona segura. Esto hace que los soldados que aun estén con vida tengan que moverse para mantenerse a salvo.

Si miras el mapa de la isla, la zona segura es la que se encuentra dentro del círculo. Cuando se muestran dos círculos, el exterior representa la zona que todavía es segura en ese momento y el interior muestra hacia dónde avanza la tormenta. Por lo tanto, la zona dentro del círculo interior es la que será segura la próxima vez que avance.

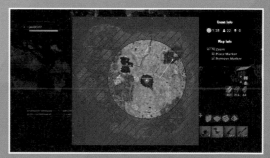

La zona que aparece de color rosa en el mapa de la isla es la que ya ha sido arrasada por la tormenta.

Puedes permanecer bajo el influjo de la tormenta durante un intervalo corto de tiempo, siempre que tengas puntos de salud.

Sin embargo, si lo haces, perderás puntos: primero de tu barra de escudo y luego de tu barra de salud. Durante los últimos momentos de la batalla final, el daño causado por permanecer en las zonas arrasadas por la tormenta es mayor y ocurre más rápido. Si te quedas demasiado tiempo dentro de ella, morirás.

Si tienes que entrar, asegúrate de que tus barras de escudo y salud están al máximo. El triángulo blanco del mapa muestra tu ubicación y la línea blanca te marca la ruta más rápida y directa que tienes que tomar para escapar de la tormenta.

Torres

Junto a la costa que rodea la isla encontrarás un grupo de torres de vigilancia. Cada una tiene una forma distinta y todas tienen en común su gran tamaño. La torre mostrada en la imagen se ubica cerca de las coordenadas B1 del mapa. Como puedes ver, tiene forma de cangrejo gigante.

La forma más rápida de escapar de la tormenta cuando quedas atrapado en ella es utilizar una plataforma de lanzamiento o un propulsor.

Cuando veas una de estas torres (la de la imagen está junto a la orilla, en las afueras de Alameda Aullante, cerca de las coordenadas J3), puedes aterrizar sobre el tejado (si estás en el autobús de batalla) o puedes construir una rampa para subir a lo más alto y golpear con el pico hasta llegar abajo. ¡Ya verás lo que encuentras! Si accedes desde el suelo, descubrirás una puerta por la que entrar. Golpea la torre con el pico para obtener recursos.

Trampas

Cuando hayas recogido alguna trampa, en lugar de utilizar una de las ranuras de almacenamiento de tu mochila, aparecerá un icono que forma parte del menú del modo Constructor. Para colocar la trampa, solo tienes que seleccionarla cuando entres en este modo.

Puedes colocar una trampa en el suelo de un edificio, en una pared o en el techo. También las puedes colocar en una rampa. Dependiendo de dónde la pongas, se convertirá en una trampa de pinchos, trampa de pared o en una trampa calambre de techo. Cuando tu adversario la active sin querer, sufrirá mucho daño. Asegúrate de que no haces saltar la trampa tú mismo al activarla, o será a ti a quien alcance.

Túneles Tortuosos

Lo encontrarás en la cuadrícula D7 del mapa. Además de los edificios y las estructuras que están a la vista, esta región contiene varios túneles mineros bajo tierra que forman un laberinto.

Hay unas cuantas casas a las afueras que puedes explorar. En todas ellas encontrarás objetos del botín que merece la pena recolectar.

Descubrirás cofres, además de armas, munición y objetos del botín por el suelo de las minas. Si ves una caja a la que te puedas subir, hazlo. Recuerda que siempre tendrás ventaja en un tiroteo si te sitúas a más altura que tus adversarios. Agáchate y ve de puntillas por los túneles de las minas para que tus oponentes no te oigan llegar. Cuando te acerques a una curva o a una intersección, ten el arma en la mano y prepárate para encontrarte con un soldado enemigo que también esté explorando la zona.

Vendajes

Encontrarás vendajes en los cofres que hay en el suelo (a menudo dentro de casas, edificios o estructuras), podrás arrebatárselos a los enemigos a los que derrotes o conseguirlos en las entregas de suministros. Cada vez que utilizas uno, repones 15 puntos de salud (hasta un máximo de 100). Puedes guardar hasta cinco vendajes en cada ranura de almacenamiento de la mochila y utilizarlos después, de uno en uno, cuando los necesites.

Te llevará unos segundos utilizar los vendajes y, durante ese rato, tu soldado será vulnerable a los ataques, ya que no podrá moverse, disparar un arma o construir mientras tanto. Puedes agacharte detrás de algún objeto o construir paredes alrededor de tu personaje para protegerlo antes de usar los vendajes o beber un potenciador de salud y escudos.

Volumen de los efectos de sonido

Si escuchas con atención los efectos de sonido del juego, podrás averiguar la ubicación de tus enemigos y a qué distancia se encuentran. Oír con claridad todos los efectos de sonido te dará ventaja, así que presta atención a lo que oyes, además de a lo que ves.

Los efectos de sonido desempeñan un papel crucial en Fortnite: Battle Royale. Por ejemplo, todos los soldados emiten ruidos de pisadas al caminar, correr o ir de puntillas. Destrozar objetos también

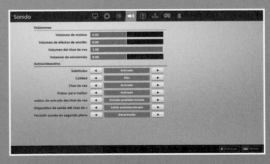

hace ruido, así como las explosiones o los disparos. Cada vez que se abre o se cierra una puerta, aquellos que estén cerca oirán el chirrido de las bisagras.

Desde el menú Ajustes, accede al submenú Sonido y sube el volumen de los efectos de sonido hasta que puedas oírlo todo. También puedes utilizar auriculares o auriculares gaming con micrófono para jugar a Fortnite: Battle Royale y asegurarte así de que oyes todos los efectos de sonido con claridad.

Zona de acampada

Zona de despegue

Es una de las zonas que no están señalizadas en el mapa. Está situado cerca de las coordenadas I5.5. Allí encontrarás autocaravanas y contenedores, que son una gran fuente de metal. También hay un puñado de pequeñas estructuras que puedes explorar y donde descubrirás numerosos objetos, como cofres y armas potentes.

Esta es la zona en la que esperas al resto de jugadores antes de montarte en el autobús de batalla. Todas las armas y recursos que encuentres aquí se eliminarán cuando te montes en el autobús. Puedes explorar esta área, practicar pasos de baile o utilizar otros gestos. No te pueden hacer daño en la zona de despegue, así que no te preocupes si te disparan o te golpean con el pico.

Por último

Jugar a Fortnite: Battle Royale es siempre una experiencia distinta por diversas razones. La principal es que en cada partida te enfrentarás con soldados controlados por 99 personas distintas.

Cada jugador o jugadora tiene sus propias estrategias, habilidades y nivel de experiencia, así que es imposible predecir las acciones y reacciones de cada soldado.

Además, Epic Games actualiza Fortnite: Battle Royale con regularidad: a veces incluye modificaciones importantes en el mapa de la isla o introduce nuevos modos de juego, cambia nombres, desvela emocionantes argumentos y tramas secundarias, añade armas potentes e innovadores tipos de botín y pone a tu disposición formas llamativas de presentar a tu soldado (indumentaria, accesorios mochileros, picos, ala deltas, gestos y otros elementos que pueden ser personalizados).

En otras palabras: este juego está en continua evolución, por lo que nunca se vuelve aburrido, predecible o fácil de dominar. Siempre hay algo nuevo por descubrir. Y si te vuelves un experto jugando en solitario, siempre puedes reunir a dos o tres amigos y competir en modo Dúos o Escuadrones (disponibles en la pantalla Sala). De esta forma elevarás el nivel de los desafíos y harás que el juego sea más imprevisible. El trabajo en equipo (y la comunicación constante con tus aliados) se volverá indispensable.

No te olvides de probar los modos de juego de tiempo limitado que ofrece Epic Games. Cada uno le da un toque distinto a Fortnite: Battle Royale y están diseñados para poner a prueba tus destrezas.

Ahora que ya conoces un montón de estrategias, lo único que necesitas para convertirte en un jugador excepcional es practicar.

Buena suerte y, sobre todo, ¡diviértete!

Este libro se terminó de imprimir
en el mes de marzo de 2019